Inhalt

Rezeptindex

Suppen und Soßen

Hauptspeisen und Beilagen

Ost – West – Naturkostführer, Band 6

Das kleine Buch über...

Japanische Spezialitäten

von

Anne- Marie und Wil Fryer

Ost–West–Bund

Ost – West – Naturkostführer, Band 6
Das kleine Buch über... japanische Spezialitäten

Übersetzt aus dem Amerikanischen von Monika Seidl
Redaktion: Richard Theobald

Taschenbuchreihe in 10 Bänden:
Gesamtausgabe ISBN 3-924724-50-4 (Band 1 bis 10)
Einzelausgaben:
Das kleine Buch über...Getreide (Band 1),
ISBN 3-924724-51-2
Das kleine Buch über...Hülsenfrüchte, Tempeh, Tofu und Seitan (Band 2),
ISBN 3-924724-52-0
Das kleine Buch über...Gemüse (Band 3),
ISBN 3-924724-53-9
Das kleine Buch über...Meeresgemüse (Band 4),
ISBN 3-924724-54-7
Das kleine Buch über... Teigwaren, Fisch und Salat (Band 5),
ISBN 3-924724-55-5
Das kleine Buch über...japanische Spezialitäten (Band 6),
ISBN 3-924724-56-3
Das kleine Buch über...Salz, Miso und Shoyu (Band 7),
ISBN 3-924724-57-1
Das kleine Buch über...Süßmittel (Band 8),
ISBN 3-924724-58-X
Das kleine Buch über...Pickles und Tischgewürze (Band 9),
ISBN 3-924724-59-8
Das kleine Buch über...natürliche Schönheit (Band 10),
ISBN 3-924724-60-1

Die Deutsche Bibliothek - CIP-Einheitsaufnahme

Das kleine Buch über ... / von Anne-Marie und Wil Fryer. -
Völklingen : Ost-West-Bund-Verl.
ISBN 3-924724-50-4
NE: Fryer, Anne-Marie; Fryer, Wil

Bd. 6. Japanische Spezialitäten. - 1994
(Ost-West-Naturkostführer ; Bd. 6)
ISBN 3-924724-56-3
NE: GT

ISBN 3-924724-50-4 (Gesamtausgabe)
ISBN 3-924724-56-3 (Band 6)

Imbisse und Desserts

Pickles und Würzzubereitungen

Getränke

miso
Ume
Shiitake
Lotus
Wurzel

Japanische Spezialitäten

Schon bei seinen ersten Begegnungen mit den abendländischen Kulturkreisen begann Japan Waren in den Westen auszuführen. Heute exportiert der Fernoststaat viele verschiedene Güter in westliche Länder, aber nach wie vor sind einige der wichtigsten dieser Güter mit Japans Traditionen verbunden. Von besonderer Bedeutung sind die Nahrungsmittel, auf die sich die Japaner zu ihrem körperlichen und seelischen Wohl seit alten Zeiten stützen. Bis vor kurzem waren die meisten dieser Nahrungsmittel im Westen weitgehend unbekannt. Dies ändert sich nun rasch aus zweierlei Gründen. Der eine ist, daß der kulturelle Reichtum, mit dem die Japaner gesegnet sind, zunehmend ins allgemeine Bewußtsein tritt. Und die traditionellen Nahrungsmittel teilen diese Kulturmerkmale und spiegeln den Geschmack, die Ausgeglichenheit und die Qualität wider, die den japanischen Lebensstil seit Jahrhunderten auszeichnen. Das sind Nahrungsmittel, die einfache, bescheidene Gerichte nicht nur schmackhaft machen, sondern ihnen auch eine interessante Note verleihen.

Der andere Grund für die wachsende Beliebtheit dieser hervorragenden Produkte liegt darin, daß sich immer mehr Menschen der Notwendigkeit einer gesunden Ernährung bewußt werden. Die japanischen Spezialitäten kommen in einer Form zu uns, die frei ist von chemischen Zusätzen und Konservierungsstoffen, und werden nach annähernd denselben natürlichen Methoden hergestellt, wie sie früher allgemein Brauch waren.

Was ihren Wert als Nahrungsmittel betrifft, so enthalten diese Produkte eine Fülle von Vitaminen, Mineralien, Eiweißen und anderen Nährstoffen, an denen es - in dieser natürlichen Form - der modernen Kost oft mangelt. Außerdem werden diese Nahrungsmittel ebenso wie einzelne japanische Kochmethoden allgemein als Heilmittel eingesetzt. Die alten Bräuche, die uns zu jedem dieser Nahrungsmittel überliefert sind, lehren uns, wie man dieses oder jenes spezielle Produkt verwendet - und zwar nicht nur, um gesund zu bleiben, sondern auch, um aufgetretene Krankheiten zu überwinden. Wir können dankbar sein, daß die Japaner bereit sind, dieses Wissen mit uns zu teilen.

Das vorliegende kleine Buch wird, so hoffen wir, als Einführung zu diesen japanischen Spezialitäten dienen. Neben einer kurzen Beschreibung der Nahrungsmittel an sich haben wir auch die bedeutendsten nährstofflichen und heilkundlichen Eigenschaften aufgeführt. Die Rezepte sind größtenteils dem westlichen Geschmack und Kochstil angepaßt, um besser verständlich zu machen, wie diese Produkte im Rahmen einer westlichen Ernährungsweise verwendet werden können.

Ausgewogenheit

Wir möchten an dieser Stelle die Rolle hervorheben, die die Auswahl und die Zubereitung der Nahrung in der traditionellen japanischen Ernährungsweise spielten. Die Hausfrau trug die Verantwortung für die Erhaltung der Gesundheit ihrer Familie. Da Ernährung und Gesundheit untrennbar miteinander verbunden sind, gehörte es zu ihrer Arbeit, die Wirkungen verschiedener Nahrungsmittel zu kennen, zu wissen, wie man sie zubereitet, und zu verstehen, wie man sie kombiniert, um eine ausgewogene Mahlzeit für die Familie auf den Tisch zu bringen.

Ausgewogenheit ist seit jeher das Schlüsselwort beim japanischen Kochen und ist auch der Punkt, der dieses zu einer wahren Kunst erhebt. Jede Mahlzeit beinhaltet die fünf Geschmacksempfindungen (salzig, sauer, süß, bitter und scharf) in ausgewogenem Verhältnis, was auch in sich schließt, daß zu deren Zubereitung vielfältige Methoden - wie Dämpfen, Kochen, Rührbraten, Backen usw. - angewandt werden. Ebenso von Bedeutung ist das optische Gleichgewicht, bei welchem es darauf ankommt, die Farben im Essen entsprechend abzustimmen und verschiedene Schneidemethoden zu wählen, um der Mahlzeit ein vielgestaltiges Aussehen zu verleihen. Und schließlich bedeutet ausgewogenes Kochen auch, daß man dem Wechsel der Jahreszeiten Rechnung trägt, daß man weiß, wann stärkere Kochmethoden oder kräftigere

Speisen angebracht sind usw.

Im wesentlichen setzt sich eine beispielhaft ausgewogene Ernährung folgendermaßen zusammen: aus 40 bis 60 % ganzem Getreide und einigen Getreideprodukten wie Brot, Spaghetti und/oder anderen Nudeln; 25 bis 40 % Gemüse; 5 bis 15 % Hülsenfrüchten und anderen Eiweißträgern wie Tofu, Tempeh oder Fisch; 5 % Suppe; 5 % Meeresgemüse und 5 % Obst, Nüssen und Desserts. Die Bevorzugung von Nahrungsmitteln, die eine stabile Nährstoffversorgung aufrechterhalten, erleichtert es unserem Organismus erheblich, im Gleichgewicht und damit gesund zu bleiben. Auf ähnliche Weise haben sich bis vor gar nicht langer Zeit die meisten Völker der Erde ernährt.

Ein Übergang zu einer derartigen Ernährungsform unter Einbeziehung dieser japanischen Spezialitäten kann Körper und Geist in Harmonie bringen. Damit Sie den nährstofflichen und heilkundlichen Wert, den diese Spezialitäten haben, optimal ausschöpfen können, möchten wir noch eine Mahnung bezüglich des Mengenverhältnisses anfügen: Verwenden Sie diese Nahrungsmittel in einem Mengenverhältnis, das ungefähr dem oben angegebenen entspricht. Der übermäßige Gebrauch eines Nahrungsmittels, um rasch Wirkungen zu erzielen, verfehlt meist seinen Zweck. Auch sind die Würzzubereitungen intensiv und sollten sehr sparsam verwendet werden.

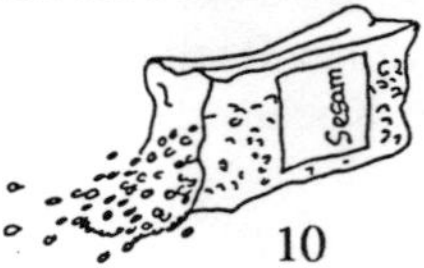

Küchengeschirr

Der Gebrauch von echtem japanischem Küchengeschirr und japanischen Kochutensilien kann zusätzlich einen Hauch von Abenteuer in das Kochen bringen. Außerdem verbessern diese Erzeugnisse das Aroma und den Geschmack des Essens und können insofern, als sie eine sachgerechte Nahrungszubereitung ermöglichen, die Mahlzeiten sogar nahrhafter und zufriedenstellender machen. Obgleich in einem echt japanischen Heim das Sortiment an Kochutensilien wahrhaft groß sein kann, werden wir hier nur einige der wichtigsten und nützlichsten vorstellen.

Das **große asiatische Messer** mit dem rechtwinkeligen vorderen Ende ist unentbehrlich für das Schneiden von Gemüse und anderen Zutaten in feine, attraktive Stücke und das Verwandeln dieser Nahrungsmittel in ein Kunstwerk. Diese Messer, manchmal als Gemüsemesser bezeichnet, sind entweder aus Kohlenstahl oder aus Edelstahl hergestellt. Die Kohlenstahlmesser haben eine bessere Schneide. Jedoch können sie leichter rosten oder splittern, aber wenn sie gepflegt und regelmäßig geschärft werden, leisten sie auf Lebenszeit gute Dienste.

Der **Suribachi** ist eine innen mit Rillen versehene Reibschüssel aus Ton. Er wird - etwa so wie ein Mörser - mit einem Holzstößel zusammen verwendet. Er dient zum Zermahlen von Samen, Getreide usw. sowie zur Herstellung von Dressings und Soßen.

Ebenso kann er benutzt werden, um den klebrigen süßen Reis zu Mochi zu schlagen (Rezepte 16, 25, 33).

Der **Wok** ist eine Pfanne mit rundem Boden, die mit einem speziellen Ständer in den Handel kommt, damit sie auf den Kochstellen Ihres Herdes stehen kann. Dank der runden Form können die Zutaten darin auf einer größeren Fläche braten und die Säfte, Öle usw. sich unten in der Pfannenmitte sammeln. Der Wok eignet sich vorzüglich zum Sautieren, Rührbraten, für Tempura sowie zum einfachen Fritieren (Rezept 20).

Eine **Porzellanreibe** ist ein kleinzahniges, flaches Kochutensil, das zum Reiben oder Raspeln von Ingwerwurzeln und anderem Gemüse - z.B. auch um nachher den Saft auszupressen - verwendet wird (Rezept 9).

Hölzerne Utensilien wie Reisspachtel, Kochstäbchen usw. sind ideale Hilfsmittel. Sie bestehen aus natürlichem Material, das weder die Innenseite von Töpfen zerkratzt, noch Hitze leitet.

Bambusmatten (Sushi- Matten) werden vorwiegend zum Formen von Norirollen und anderen Arten gefüllter Rollen verwendet. Sie eignen sich aber auch gut zum Bedecken von Schüsseln mit gekochten Speisen, weil die Matte Luft eindringen läßt und zugleich doch das Essen warm hält (Rezept 17).

Eine **Picklespresse** ist ein - aus Glas oder anderem Material hergestellter - Behälter mit einer verstellbaren Drehplatte, welche eine Druckerzeugung zur Herstellung von gepreßten Salaten und leichten Pickles ermöglicht (Rezept 27).

Miso und Shoyu

Miso ist ein Grundnahrungsmittel in Japan und wird dort so sehr geschätzt, daß eine alte Legende berichtet, Miso sei ein Geschenk der Götter an die Menschen gewesen. Diese vergorene Sojabohnenpaste ist eines der denkbar köstlichsten und vielseitigst verwendbaren Nahrungsmittel. Sie kann als Suppengrundlage, in Soßen, Dips, Dressings wie auch in vielen Getreide-, Gemüse-, Fisch- und Nudelgerichten verwendet werden. Ganze Bücher sind über Miso und dessen Gebrauch in der Küche geschrieben worden.

Miso wird aus Sojabohnen, Salz und (oft) einem Getreide (Reis, Gerste oder Buchweizen) hergestellt. Diese Zutaten läßt man 2 bis 3 Jahre mit einer speziellen Bakterienkultur reifen, welche erstere praktisch in ein neues Nahrungsmittel verwandelt. Diese Kultur, genannt Koji, arbeitet auf dieselbe Weise wie die nützlichen Bakterien im menschlichen Darm, die beim Abbau der Nahrung mithelfen. Daher ist Miso sehr leicht verdaulich und enthält Enzyme, die die Verdauung anderer Nahrungsmittel unterstützen. Außerdem liefert es viele Vitamine und Mineralstoffe, darunter auch B-Vitamine, von denen B-12 besonders beachtenswert ist.

Was seine heilkundlichen Wirkungen betrifft, so könnte Miso als Wundermittel bezeichnet werden. In der traditionellen Heilkunde wurde Miso, das mehr als 1 1/2 Jahre gereift hat, zur Stärkung des Magens, der Därme und des Blutes eingesetzt. Die moderne Medizin hat nachgewiesen, daß Miso Arterienverhärtung mindern hilft, die Normalisierung von hohem Blutdruck unterstützt und die Ausscheidung radioaktiver Elemente aus dem Körper fördert. Im Volksmund heißt es schlicht: Miso und harte Arbeit sind notwendig für ein starkes, gesundes Leben.

Mugi-Miso bedeutet Gerstenmiso, und diese herzhafte Sojabohnenpaste ist das traditionelle Lieblingsmiso der japanischen Landbevölkerung. Seine etwa zweijährige Reifezeit läßt ein Nahrungsmittel entstehen, das sich gut für den täglichen Gebrauch eignet und als gesundheitsfördernd bekannt ist (Rezepte 4, 16, 23, 26, 41).

Genmai- Miso ist ein Naturreismiso mit einer Reifezeit von 1 bis 3 Jahren. Es ist ein gutes Allzweckmiso, nicht schwer, aber doch voll im Geschmack (Rezepte 4, 16, 23, 34, 41).

Soba- Miso (Buchweizenmiso) hat eine Reifezeit von 6 Monaten bis zu einem Jahr und gibt ein Miso ab, das in vielen Gerichten mundet, weil es leicht, schmackhaft und voll im Aroma ist (Rezepte 4, 16, 23, 34, 41).

Kome- Miso ist die Bezeichnung für eine Art von Reismiso. Es kommt in mehreren Sorten in den Handel, wobei die Palette vom roten und rötlichbraunen, welche 1 bis 2 Jahre gereift haben, mehr Salz enthalten und geschmacklich intensiver sind, bis zu den leichteren und süßeren Misos reicht. Reismisos sind heutzutage am beliebtesten, sowohl in Japan als auch in der westlichen Welt.

Shiro- Miso ist das süßeste der Reismisos. Es enthält wenig Salz und ist nur kurze Zeit gereift, daher fein und mild im Geschmack. Allerdings sollte man sich davor hüten, in dem Versuch, einen kräftigeren Geschmack zu erzielen, zuviel von diesem Miso zu nehmen. Wenn es auch nicht alle herausragenden gesundheitsfördernden Eigenschaften der kräftigeren Misoarten besitzt, so paßt doch sein milder Geschmack nicht nur wunderbar zu Gemüse, sondern auch zu Obst, cremigen Suppen und sogar zu Desserts (Rezepte 4, 15, 16, 19, 23, 34, 40, 41).

Hatcho- Miso wird nur aus Sojabohnen, Koji und Meersalz hergestellt. Es ist ein sehr trockenes Miso, das lange Zeit (2 bis 3 Jahre) gereift hat und etwas mehr Salz enthält als andere Misoarten. Es ist ein intensives und kräftiges Miso mit starken heilkundlichen Wirkungen und sollte daher sparsam verwendet werden (Rezepte 15, 16, 23, 41).

Getrocknete, pulverisierte Misos (Instant-Misos) sind einfach im Gebrauch und sehr beliebt. Pulverisiertes Miso wird am häufigsten für Instant-Suppen verwendet und ist so z.B. den qualitativ besseren Ramen-Nudeln beigepackt. Wenn es bei niedriger Temperatur oder nach der Gefriertrockenmethode getrocknet wird, bleiben seine wichtigen Vitamine und Enzyme erhalten (Rezept 30).

Natto- Miso ist kein echtes Miso, sondern eine Würzzubereitung, die Miso - neben Kombu, Ingwer und Gerstenmalz - als Bestandteil enthält. Es ist köstlich und süß und verfeinert Gemüse- und Getreidegerichte (Rezepte 13, 25).

Tekka- Miso ist ebenso eine Würzzubereitung. Hierfür werden Karotten, Klettenwurzeln, Lotoswurzeln, Ingwer, Hatcho Miso und dunkles Sesamöl zu einer pulvrigen Mischung eingeschmort. Es ist stark, schmackhaft und sehr heilkräftig. Schon wenig genügt.

Shoyu und Tamari sind Produkte, die aus dem Misogewinnungsprozeß hervorgingen, und zwar aus der Flüssigkeit, die sich an der Oberfläche des reifenden Misos bildete. - Zur Herstellung von Shoyu werden Sojabohnen, Weizen, Wasser und Salz mit dem Enzymbereiter „Koji“ vermischt und dann 2 bis 3 Jahre zum Reifen gelagert. Während dieser Zeit wird das

Fermentationsprodukt wiederholt abgeschöpft und vom Bodensatz befreit, so daß am Ende eine köstliche Soße mit einem leichten Alkoholbouquet zurückbleibt. Tamari wird heute nach dem gleichen Verfahren gewonnen, jedoch ohne Beimischung von Weizen.

Nährstofflich und heilkundlich haben diese Nahrungsmittel dieselben Eigenschaften, wie sie dem Miso zugeschrieben werden. Wir sollten vielleicht noch anfügen, daß die vielen Aminosäuren, die Miso, Shoyu und Tamari enthalten, sich leicht mit anderen Nahrungsmitteln, mit denen sie gekocht werden, verbinden und so vollwertige Eiweißstoffe entstehen lassen. Ein weiterer Vorzug ist die Milchsäure, welche in allen diesen Produkten vorkommt und sie zu Nahrungsmitteln macht, die den gesamten Verdauungsapparat kräftigen.

Shoyu wird auf sehr vielfältige Weise in der Küche verwendet. Es kann Suppen, Getreide, Gemüse, Bohnen und anderem zugefügt werden. Ein Tropfen Shoyu in einer Tasse Tee, z.B., schafft eine beruhigende Wirkung. Ein wenig Sojasoße auf einem Pickle oder auf geriebenem Daikon-Rettich nimmt diesen Nahrungsmitteln die Schärfe und fördert die Absonderung von Verdauungssäften, was der Verarbeitung öliger Speisen dienlich ist (Siehe *Das kleine Buch über Salz, Miso und Shoyu*).

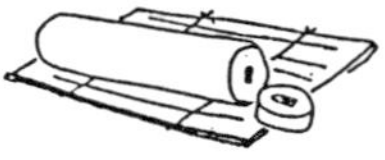

Shoyu und Tamari- Shoyu bezeichnen bei uns im Westen ein und dasselbe Produkt, welches aus Weizen, Sojabohnen, Wasser, Salz und Koji gewonnen wird. Die meisten Rezepte in diesem Buch beziehen sich auf dieses Produkt.

Echtes Tamari bzw. ***Original- Tamari*** steht für Sojasoße, die aus Sojabohnen, Wasser, Salz und Koji hergestellt wird. Dieses Produkt, das manchmal auch als ***(Weizenfreies) Tamari*** bezeichnet wird, ist etwas kräftiger und strenger im Geschmack, hat aber seinen eigenen interessanten Charakter. Es wird mehr zu heilkundlichen Zwecken als zum täglichen Kochen verwendet.

Salzarmes Shoyu enthält etwa halb soviel Salz wie normales Shoyu. Dieses Shoyu muß einen doppelten Fermentationsprozeß durchmachen, wobei während der langen Reifungszeit Weizen und Bohnen nachgefüllt werden.

Meeresgemüse

Meeresgemüse wurde Jahrhunderte hindurch in vielen Gebieten der Erde als Nahrungsmittel verwendet. Selbst in Nordeuropa und in Amerika war dies bis vor relativ kurzer Zeit vielenorts Brauch. Bis in die Gegenwart hinein hat ohne Unterbrechung jedoch lediglich der fernöstliche Kulturkreis an dieser Tradition festgehalten, und da der Inselstaat Japan stets der größte Lieferant für dieses Nahrungsmittel im Fernen Osten war, überrascht es kaum, daß er nun die Führung in der heutigen Weltproduktion übernommen hat.

Meeresgemüse ist eine hervorragende Quelle für essentielle Mineralstoffe, Vitamine und Spurenelemente, die für unsere Gesundheit notwendig sind. Die heilkundlichen Eigenschaften dieser Pflanzen wurden nicht nur auf Volksebene und im Kreis der traditionellen Heilkundigen weitergegeben, sondern sie sind nun auch modernen Medizinern zur Kenntnis gelangt - nämlich z.B. die Tatsache, daß Meeresgemüse eine wirkungsvolle Hilfe bei der Behandlung von Bluthochdruck, Magen- und Darmproblemen ist. Ebenso können diese Pflanzen die Rückbildung von Tumoren anregen, radioaktive Elemente im Körper zur Ausscheidung bringen, die Nieren und die Geschlechtsorgane stärken, die geistige Leistungsfähigkeit steigern und vieles mehr.

Wir werden hier für jede Meeresgemüseart einige

Verwendungsmöglichkeiten und spezielle Kochmethoden anführen. Bei manchen Sorten ist es günstig, sie vor der Zubereitung einzuweichen, und wenn dies geschieht, sollte das Einweichwasser, das viele Mineralstoffe enthält, ebenso verwendet werden. Was die Reinigung von Meeresgemüse betrifft, so kann man es je nach Art entweder mit einem sauberen Tuch leicht abwischen oder eine Gemüsebürste benutzen oder es einfach rasch in sauberem Wasser spülen.

Kombu ist eines der nährstoffreichsten Meeresgemüse. Diese kräftige Pflanze gedeiht am besten in sauberem Wasser, wo es starke Strömungen gibt. Heilkundlich ist sie ein wirksames Mittel zur Behandlung von Kropf, Arthritis und allen Arten von Herz- und Kreislaufproblemen. In der japanischen Küche wird Kombu auf vielerlei Weise verwendet, besonders aber zur Bereitung von Suppengrundlagen (Dashi) sowie als kleine Zutat in Getreide-, Bohnen- und Gemüsegerichten. Kombu fördert nämlich das Weichwerden der Fasern und Zellwände von Getreide, Bohnen und Gemüse und läßt dadurch deren natürliche Aromen besser zur Entfaltung kommen. Außerdem reichert er sie zusätzlich mit vielen Nährstoffen an (Rezepte 4, 5, 10, 12, 26, 34, 40).
Tororo Kombu ist Kombu, der in Reisessig eingeweicht, getrocknet und in federleichte Fasern gehobelt wurde. Er kann als tischfertige Zutat in Suppen gegeben, um Reisbälle gewickelt wie auch in vielen ande-

ren Gerichten verwendet werden. Fein schmeckt er auch direkt aus der Packung als Imbiß (Rezept 35).

Wakame ist wie Kombu eine Braunalge und gedeiht auch am besten in sauberen kalten Meeresströmungen. Jedoch hat Wakame etwas zartere Blätter und einen etwas milderen Geschmack als Kombu. Sie weist viele der nährstofflichen Eigenschaften des Kombu auf und ist besonders für ihre antibakterielle und blutreinigende Wirkung bekannt (Rezepte 8, 23). Wakame kann wie Kombu als einfache Zutat in anderen Gerichten, als Geschmacks- und Aromaverstärker und als „Weichmacher“ für härtere Nahrungsmittel verwendet werden. Allerdings hält sie, bedingt durch ihre feinere Blattstruktur, nicht so gut zusammen wie Kombu. Wakame ist berühmt für ihre Verwendung in Suppen, insbesondere in der klassischen Misosuppe, aus der sie nicht wegzudenken ist. Gut ist sie ebenso, wenn sie einfach eingeweicht und fein geschnitten, mit etwas Reisessig, Umeboshi-Essig oder Shoyu gewürzt und so Salaten beigemischt wird.

Mekabu ist der Teil der Wakamealge, der sich an deren Basis befindet und der Fortpflanzungsfunktion der Alge dient. Sie hat den Ruf, starke Heilkräfte zu besitzen, besonders in bezug auf Frauenkrankheiten, und ist auch reich an Nährstoffen. Sie benötigt eine lange Kochzeit und kann auf dieselbe Weise wie Kombu verwendet werden.

Hiziki sind ein im Küstenbereich wachsendes Meeresgemüse, das aufgrund seiner festen nudelartigen Struktur und seines einzigartigen Geschmackes eine wunderbar attraktive, delikate und nahrhafte Beilage abgibt. Nach der Ernte werden die Hiziki getrocknet, unter Dampf gekocht, wieder getrocknet, im Saft von Arame, einem anderen Meeresgemüse, eingeweicht und dann abermals getrocknet. Dies macht sie zarter und vereinfacht ihre Zubereitung.

Hiziki haben den Ruf, das Blutgefäßsystem zu stärken und schönes, glänzendes Haar und kräftige Nägel zu schaffen. Infolgedessen ist es nicht verwunderlich, daß Hiziki 10mal mehr Kalzium enthalten als Milch und einen hohen Anteil an anderen Mineralstoffen, an Eiweiß und an den Vitaminen A, B-1 und B-12 haben.

Hiziki benötigen eine Kochzeit von 40 Minuten bis zu einer Stunde. Um entsprechendes Planen zu ermöglichen, sei darauf hingewiesen, daß sie sich bei der Zubereitung auf das Fünffache ihres Trockenvolumens ausdehnen. Sie sind gut, wenn sie in etwas Sesamöl sautiert und mit Shoyu gewürzt oder auch mit Zwiebeln, Karotten oder Tofu zusammen gekocht werden (Rezepte 2, 17, 18).

Arame gehören ebenso zur Familie der Braunalgen und sind nährstofflich dem Kombu ähnlich. Sie bilden im Meer große, zähe Blätter aus, doch nach der Ernte werden sie gekocht und in fadenartige Streifen geschnitten, was sie zart und zu einem leicht zu handhabenden Meeresgemüse macht.

Arame werden genauso gekocht und serviert wie Hiziki und können anstelle von Hiziki verwendet werden, wenn ein milderer Geschmack erwünscht ist. Sie finden bei jenen, die nicht an Meeresgemüse gewöhnt sind, oft mehr Anklang als Hiziki und haben auch eine kürzere Kochzeit als letztere. Arame sind gut als Beilage und in Salaten, und ihre schöne dunkle Farbe ist eine wahre Zierde für jeden Teller (Rezepte 2, 6, 17, 18).

Nori gehört zur gleichen Grünalgenfamilie wie Meereslattich. Die populärste Form der Nori ist die Blattform. Hierfür wird das Meeresgemüse zu Blättern gepreßt, welche zur Herstellung von Sushi (Norirollen), Reisbällen u.ä. dienen. Diese Noriart wird fast ausschließlich in Kulturen gezüchtet und ist daher –wie auch durch die zusätzliche Verarbeitung zu Blättern– etwas teurer als andere Meeresgemüse. Trotzdem ist sie es absolut wert, gekauft zu werden. Kinder lieben sie, und die nährstofflichen Eigenschaften von Nori sind selbst für ein Meeresgemüse außergewöhnlich. Sie ist reich an Eiweiß, Mineralstoffen und den Vitaminen C, A, B-2 und B-12. Überdies senkt Nori bekanntermaßen den Cholesterinspiegel im Blut.

Noriblätter brauchen nur kurz über einer Flamme geröstet zu werden, nämlich bis das purpurbraune Blatt einen schönen grünlichen Farbton annimmt. Dann kann dieses z.B. zur Herstellung von Sushi

(Reisröllchen) verwendet oder hübsch geschnitten und als Garnierung auf Salate und Suppen gegeben werden.

Andere erhältliche Noriarten stammen oft aus wilden Beständen. Diese können, wenn sie auch nicht zu Blättern gepreßt sind, sehr schmackhaft sein und eignen sich gut für Suppen, Salate und Würzzubereitungen (Rezepte 39, 14, 33, 34).

Agar- Agar ist das Geliermittel, das aus Rotalgen gewonnen wird. Die traditionelle Gewinnungsmethode besteht im wesentlichen in einem Gefriertrockenverfahren, welches im Freien zur Winterzeit durchgeführt wird. Das so extrahierte Agar-Agar kommt gewöhnlich in Stangen- oder Flockenform auf den Markt. Heute jedoch werden auch andere Methoden zur Herstellung von Agar-Agar angewandt, und neben der Stangen- und Flockenform ist es auch als Pulver im Handel zu finden.

Agar-Agar kann auf vielerlei Weise verwendet werden, z.B. für Kuchen, Cremes, Kanten, Obstspeisen, Aspike wie auch in Fischgerichten (Rezepte 3, 37).

Spaghetti und andere Nudeln

Nudeln, insbesondere Spaghetti, werden im Westen gewöhnlich als italienische Erfindung erachtet. Tatsächlich jedoch waren Nudeln schon viele Jahrhunderte vor ihrem Aufkommen in Europa Bestandteil der fernöstlichen Küche. Ein interessantes Merkmal der Nudeln, die heute aus Japan zu uns kommen, ist, daß sie aus einer größeren Zahl von Getreidesorten hergestellt werden als jene im Westen.

Es sollte festgehalten werden, daß viele der fernöstlichen Nudeln bereits Salz enthalten und es nicht immer notwendig ist, ihr Kochwasser zu salzen.

Udon sind Weizennudeln, die die Japaner besonders lieben. Sie sind dünn und flach wie Spaghetti, aber ein wenig breiter. In Südjapan gibt es Geschäfte, die nur Udon anbieten. Am besten eignen sich diese Nudeln für Nabe Mone (japanisches Fondue), Suppen, Eintöpfe, Salate und Desserts, wahrhaft köstlich sind sie aber auch als Einlage in einer klaren Brühe oder einfach mit ein paar Tropfen Öl und Shoyu gebraten.

Sowohl Udon als auch Soba werden mit einer Prise Salz in kochendes Wasser gegeben. Sobald das Wasser wieder aufkocht und Schaum im Topf aufzusteigen beginnt, gießt man 1/2 Tasse kaltes Wasser nach. Dieses Vorgehen, das „Abschrecken“ genannt wird, verhindert, daß die Nudeln matschig werden und an Geschmack verlieren. Wie oft die Nudeln während des Kochens abgeschreckt werden sollen, ist unterschiedlich, im Durchschnitt aber drei- oder viermal. Um zu prüfen, ob die Nudeln gar sind, bricht man eine entzwei. Wenn sie innen die gleiche Farbe hat wie außen, ist die Teigware genügend gekocht. Danach sollte man sie rasch mit kaltem Wasser abspülen (Rezepte 19, 23, 30, 34, 35).

Soba-Nudeln werden aus Buchweizenmehl hergestellt und sehen wie Spaghetti aus. In Japan gelten sie als höchst energiespendendes Nahrungsmittel, das reich an Eiweiß und Vitaminen ist. Überdies haben Soba den Ruf, den Körper zu erwärmen, was erklärt, warum es in Nordjapan so viele Soba- Restaurants gibt.

Soba werden mit verschiedenen Buchweizenanteilen hergestellt. 100 %ige Soba sind am kräftigsten und am besten geeignet für hart arbeitende Menschen sowie für kalte Tage. Soba-Nudeln mit geringerem Buchweizenmehlanteil schmecken auch lecker und sind zudem fester, wodurch sie nicht so leicht brechen. (Kochtips und Zubereitungsmöglichkeiten sind unter „Udon- Nudeln“ zu finden), (Rezepte 19, 23, 30, 34, 35).

Jinenjo Soba sind Buchweizenmehlnudeln, denen die Stärke der wilden japanischen Bergkartoffel, genannt Jinenjo, beigemischt ist. Die Jinenjo wird traditionell als revitalisierendes Nahrungsmittel sowie als Heilmittel zur Behandlung von Herz-, Nieren-,

Magen- und Darmproblemen verwendet. Diese Zutatenkombination ergibt sehr kräftigende Nudeln (Rezepte 19, 23, 30, 34, 35).

Ramen- Nudeln sind aufgrund ihrer kurzen Kochzeit und ihrer vielseitigen Verwendbarkeit jüngst auch im Westen populär geworden. Sie können in wenigen Minuten in einer Suppe oder als Nudelplatte auf den Tisch gebracht werden. Obgleich diese Nudeln ursprünglich aus China stammen, produzieren und exportieren heute die Japaner die qualitativ besseren Ramen. Diese sind entweder aus Vollweizen-, Buchweizen- oder Naturreismehl hergestellt, und die beiliegende Würzmischung enthält Dinge wie Shoyupulver, Misopulver und natürliche Würzessenzen (Rezepte 30, 34, 35).

Somen-Nudeln sind sehr dünne Nudeln aus Weizenmehl, die zu hübschen kleinen Bündeln zusammengebunden sind. Ein Bündel ergibt etwa 3 kleine Schalen gekochte Nudeln. Sie haben eine kurze Kochzeit (3 bis 5 Minuten) und schmecken hervorragend in vielen Sommersalaten, welche warm oder kalt serviert werden können (Rezepte 23, 35).

Honesame sind halb durchsichtige Nudeln (Glasnudeln) aus Bohnenstärke. Sie brauchen nur 2 bis 3 Minuten gekocht und dann mit kaltem Wasser abgespült zu werden. Sie passen gut zu Suppen und Salaten (Rezepte 19, 23, 34, 35).

Bifun werden aus Reismehl hergestellt und enthalten Salz. Diese delikaten Glasnudeln sollten nach etwa 3 Minuten gar sein und können dann in Suppen, kalten Salaten sowie mit gebratenem oder gekochtem Gemüse zusammen serviert werden (Rezepte 20, 23, 34, 35).

Kuzu Kiri sind Kartoffelstärkenudeln, die außerdem 20 bis 25 % Kuzu-Stärke enthalten. Diese Nudeln benötigen eine Kochzeit von 15 bis 20 Minuten und werden so wie Bifun- Nudeln verwendet (Rezepte 20, 23, 34, 35).

Amasake, Mirin, Sake und Naturreisessig

Amasake, Mirin, Sake und Reisessig sind allesamt phantastische Produkte aus Reis, Wasser und Koji (spezielle Bakterienkultur). Für ihre Herstellung werden diese Zutaten in einem bestimmten Verhältnis vermischt, so zum Fermentieren stehen gelassen und dann auf entsprechend verschiedene Weise zubereitet, um das gewünschte Produkt zu erhalten. Alle diese Spezialitäten helfen, Spannungen im Körper zu lösen.

Sake ist der traditionelle japanische Reiswein. Er kann auf etwa dieselbe Weise wie Sherry im Westen verwendet werden, nämlich zur Herstellung von Soßen, Marinaden und Dressings oder zum Verfeinern bestimmter Gerichte. Besonders gut ist es, Fisch mit einem Schuß Sake zuzubereiten. Als Getränk wird er traditionell warm in einem kleinen Keramik-Sakegefäß serviert und aus einem zierlichen kleinen Sakebecher getrunken. Die Benutzung solch traditioneller Gefäße schafft Gemütlichkeit und hilft, das Getränk angemessen zu schätzen (Rezepte 10, 14, 19, 22).

Mirin ist ein vollmundiger und süßer Kochwein, der aus Naturreis gewonnen wird. Er ist köstlich in Dressings, Brühen, Marinaden, Gewürzzubereitungen und Salaten. Mirin hilft, Nahrungsmittel auszubalancieren, die einen herben, scharfen oder salzigen Geschmack haben (Rezepte 2, 4, 5, 10, 12, 15, 17, 22, 34, 37, 41).

Naturreisessig hat einen ausgezeichneten Geschmack, welcher jenen von aus Obst oder anderen Zuckerverbindungen hergestelltem Essig bei weitem übertrifft. Er wird nach traditionellen Methoden unter natürlichen Bedingungen vergoren. Er verfeinert nahezu jedes Gemüsegericht und natürlich Dressings, Pickles und Marinaden (Rezepte 2, 12, 15, 18, 20, 22, 27).

Süßreisessig wird nach dem gleichen Gärungsverfahren gewonnen wie der normale Naturreisessig. Es wird lediglich statt gewöhnlichem Naturreis klebriger (süßer) Naturreis verwendet, welcher einen etwas süßeren und volleren Geschmack erzeugt (Rezepte 2, 12, 15, 18, 20, 22, 27).

Amasake wird aus mit Koji vermengtem Naturreis gewonnen. Die Koji-Kultur spaltet den Naturreis in Einfachzucker auf und läßt so ein sehr süßes Konzentrat mit hohem Nährwert entstehen. Amasake kann verdünnt und als Getränk serviert oder als Ersatz für Milch und Zucker über heiße oder kalte Getreide(flocken)gerichte gegeben werden. Auch in Plätzchen und anderen Desserts schmeckt er gut (Rezepte 1, 37, 38).

Umeboshi- Produkte

Umeboshi- Pflaumen sind in Wahrheit keine Pflaumen, sondern eine Aprikosenart, die bereits im grünen und ungenießbaren Zustand vom Baum fallen. Die Ostasiaten entdeckten, daß diese Früchte durch Pökeln zu einem wunderbaren Tischgewürz und einer schmackhaften Kochzutat werden. Die rote Farbe der „Pflaumen" rührt von den roten „Büffelgras"-Blättern (Shiso) her, mit denen sie gemeinsam unter Druck gepökelt werden und die ihnen auch viele heilkundlich bedeutsame Eigenschaften verleihen.

Dieses ganze Buch könnte den heilkundlichen Eigenschaften der Ume- Produkte gewidmet werden. Sie gelten als der König der basischen Nahrungsmittel und sind daher sehr gut zur Überwindung eines allgemein sauren Milieus im Körper. Sie befreien den Körper von Giften, verbessern die Blutqualität und schaffen Abhilfe bei Luft-, See- und Autokrankheit. Sie helfen bei allen Arten von Verdauungsproblemen, wie Magenübersäuerung, saurem Aufstoßen oder Magenverstimmung, Nahrungsmittelvergiftung, Ruhr und Verstopfung. Gleichzeitig aktivieren sie allgemein die Gedärme und verbessern deren Zustand.

Ganze Umeboshi- Pflaumen sind eine gesunde Bereicherung der Ernährung und liefern außerdem einen sauer-salzigen Geschmack, der sich mit vielen Nahrungsmitteln gut verträgt. Am häufigsten werden

Umeboshi zur Herstellung von Reisbällen verwendet, doch sie sind auch köstlich in nahezu allen anderen Getreidegerichten sowie in Verbindung mit Land- oder Meeresgemüse (Rezepte 7, 13, 21, 27, 31).

Umeboshi- Paste ist eine leicht zu handhabende Paste aus den entkernten Pflaumen. Sie wird auf dieselbe Weise verwendet wie die ganzen Pflaumen (Rezepte 7, 13, 27).

Ume- Konzentrat wird durch Einkochen der rohen Pflaumen gewonnen und ist daher weder gereift, noch enthält es Salz. Rund 2 Pfund Pflaumen werden verwendet, um 90 Gramm Konzentrat zu erhalten. Es wird hauptsächlich heilkundlich benutzt (1/3 Teelöffel in einer Tasse Tee), (Rezept 36).

Ume- Pastillen sind aus Ume-Konzentrat und Jinenjo-Wurzeln hergestellte Kügelchen, die sich vorzüglich zum Mitnehmen auf Reisen eignen. Einfach eine davon lutschen, wenn es gilt, das Blut zu alkalisieren und einen übersäuerten Magen zu beruhigen.

Umeboshi- Essig ist kein wirklicher Essig, sondern die Flüssigkeit, die den Pflaumen während des Pökelvorganges entzogen wird. Er ist nicht nur der ideale Ersatz für Essig, sondern er übertrifft ihn auch in vielerlei Hinsicht. Er verleiht Gerichten einen ganz besonderen salzig-sauren Geschmack und ist köstlich in nahezu jeder Soße, Salatwürze oder Marinade (Rezepte 2, 27, 28).

Shisoblätter geben den Umeboshi- Pflaumen ihre Farbe. Für sich allein sind sie gut in Salaten sowie als Garnierung auf verschiedenen Getreide- und Gemüsegerichten. Sie liefern Kalzium, Eisen und Phosphor und die Vitamine A, B-2 und C. Was ihre heilkundlichen Eigenschaften betrifft, so unterstützen sie die Auflösung von Cholesterin, lindern Erkältungen, beruhigen den Körper und fördern die Ausscheidung von Schlacken (Rezept 17).

Shisowürze wird aus den Blättern hergestellt, die mit den Umeboshi- Pflaumen eingelegt werden. Sie gibt ein wunderbares Tischgewürz ab, wobei sie besonders gut zu Reis paßt. Die Blätter können hierfür so, wie sie sind, verwendet oder geröstet und zerkrümelt werden. Die heilkundlichen Wirkungen decken sich mit jenen, die unter „Shisoblätter“ aufgeführt sind (Rezept 33).

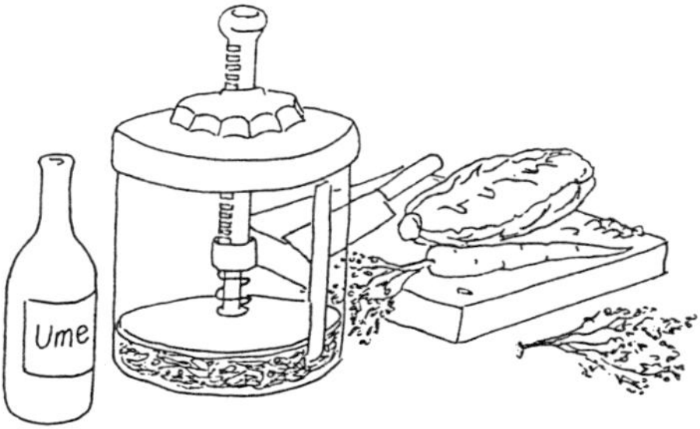

Verschiedene Spezialitäten

Sesamöl wurde als erstes von den Ägyptern erzeugt und kam später durch buddhistische Mönche nach Japan. Sesamöl ist ein phantastisches, leicht verdauliches Vollwertnahrungsmittel und damit ein gutes Öl für das tägliche Kochen. Auch zum Fritieren (für Tempura) eignet es sich hervorragend (Rezepte 2, 6, 11, 14, 18, 19, 25, 41).

Geröstetes Sesamöl wird aus Samen gewonnen, die vor der Pressung geröstet worden sind. Dies schafft ein rauchiges Aroma und verstärkt den nussigen Geschmack des Öls. Geröstetes Sesamöl verleiht allen Bratgerichten ein köstliches Aroma und kann heilkundlich bei vielen Hautproblemen, Verbrennungen usw. als äußeres Heilmittel benutzt werden.

Um mit Sicherheit ein hochwertiges Produkt zu erhalten, sollte bei beiden Ölen darauf geachtet werden, daß sie unraffiniert und kaltgepreßt sind und somit keine Chemikalien bei ihrer Gewinnung eingesetzt wurden (Rezepte 2, 6, 18, 19, 20, 25, 41).

Schwarze Sesamsamen sind kräftiger und intensiver im Geschmack als braune Sesamsamen. Sie sind nahrhaft und können in vielen Gerichten sehr dekorativ sein (Rezepte 6, 10, 12, 16, 17, 27, 30, 31, 39).

Fu ist eine feine Quelle für pflanzliches Eiweiß. Um Fu zu erhalten, wird das Gluten im Weizenmehl von den übrigen Mehlbestandteilen getrennt, dann um einen Spieß gewickelt und gebacken. Anschließend wird es gedämpft, in Stücke geschnitten und getrocknet. Fu ist ein leicht verdauliches Nahrungsmittel, das gute Energie gibt und allgemein gern gegessen wird. Fu paßt gut zu Suppen, Eintöpfen, Salaten sowie zu Nudeln oder Gemüse. Er sollte vor der Zubereitung 5 bis 10 Minuten eingeweicht werden. „Kuruna Fu", heißt übersetzt „Rad" und hat eine ebensolche Form. „Zenryu-Fu", was „Münze" bedeutet, hat eine kleinere runde Form. „Ita-Fu", was „Brett" heißt, ist lang, dünn und flach (Rezepte 15, 30).

Koji ist die spezielle Bakterienkultur, die die Japaner zur Erzeugung von Miso, Shoyu, Amasake, Sake, Mirin und Reisessig verwenden. Als Produkt wird diese Kultur Reis oder Gerste eingeimpft, so getrocknet und dann verpackt, damit Sie diese gleichen Nahrungsmittel in Ihrem eigenen Zuhause herstellen können. Die Gewinnung von Amasake, z.B., ist einfach und nimmt nicht mehr als einen Tag in Anspruch, während die Herstellung von Miso 1 bis 2 Jahre oder länger dauern kann (Rezept 1).

Mochi wird aus süßem Reis, einer klebrigen Reissorte, hergestellt. Traditionellerweise wird hierfür der gekochte Reis mit einem großen Stößel geschlagen, bis er eine gleichmäßig klebrige Masse ergibt. Dieser frische Mochiteig kann dann zu kleinen Klößen geformt und mit Samen, einer Würzzubereitung oder mit Nori umhüllt werden. Getrocknet schmecken - hausgemachte oder fertig gekaufte - Mochis fein, wenn man sie stückweise in einer Pfanne röstet und dann schwimmend auf der Suppe serviert. Ebenso sind sie gut, wenn sie im Backofen oder in einem Waffeleisen gebacken werden, so daß sie sich zu einer wahrhaft reizvollen Speise aufblähen. Mochis sind ein wärmendes und kraftspendendes Nahrungsmittel und werden besonders Frauen während der Schwangerschaft und nach der Entbindung empfohlen (Rezepte 23, 39).

Kuzu wird aus den tiefliegenden Wurzeln einer Bergkletterpflanze gewonnen. Diese weiße Stärke findet Verwendung als Bindemittel in Eintopfgerichten, Soßen, Desserts usw. Sie ist als leicht verdauliches, kräftigendes und alkalisierendes Nahrungsmittel bekannt, welches Durchfall, Verstopfung und andere Darmstörungen beheben kann. Kuzu ist eine wertvolle Zutat in vielen heilkundlichen Getränken (Rezepte 19, 11, 20, 21, 29, 38, 41).

Azukibohnen sind kleine rote Bohnen, die voller Nährstoffe stecken. Diese leicht verdaulichen Hülsenfrüchte sind arm an Fett und Öl, aber reich an Eiweißen und Vitaminen. Heilkundlich haben sie den

Ruf, die Nieren zu reinigen und zu stärken und auch den Stuhlgang zu regeln (Rezepte 4, 5, 11, 40).

Schwarze Sojabohnen gehören zur gleichen Familie wie die gelben Sojabohnen und haben ebenso wie diese einen hohen Anteil an Eiweiß und Fett und an den Vitaminen B-1 und B-2. Im Unterschied zu den gelben jedoch sind schwarze Sojabohnen zart, dehnen sich beim Kochen beträchtlich aus und haben einen wahrhaft vollmundigen Geschmack, der sie, selbst wenn sie allein gekocht werden, zu einer feinen Speise macht. Heilkundlich werden sie als gut zur Behandlung von Husten sowie zur Verbesserung der Vitalität der Sexualorgane (Rezepte 4, 5) erachtet.

Hato Mugi, auch Perlgerste genannt, sollte nicht mit Gerstengraupen verwechselt werden, welche ein raffiniertes Produkt sind. Perlgerste ist in Wahrheit kein Getreide, sondern eine große Samenfrucht einer speziellen Gräserart. Sie ist schmackhafter als Gerste und ergibt ein feines Gericht, wenn sie mit Reis zusammen gekocht wird. Heilkundlich wird sie vor allem zur Ausschwemmung alter Schlacken aus den Körpergeweben verwendet (Rezept 31).

Bonito ist ein getrockneter und geräucherter Fisch, der für Suppen verwendet wird und auch den verschiedensten Getreide- und Gemüsegerichten einen vortrefflichen Geschmack verleiht. Bonito ist am besten, wenn er jedesmal direkt vor dem Gebrauch im ganzen abgeschabt wird, doch die Tatsache, daß Bonito- Fischflocken so praktisch in der Verwendung sind, macht diese zur beliebtesten Form (Rezepte 6, 34)

Getrockneter Tofu wird aus Sojamilch hergestellt, welche zuerst durch Kochen von zerkleinerten Sojabohnen gewonnen und danach mit Nigari versetzt wird, um die Eiweißmasse vom Wasser zu trennen. Das geronnene Sojaeiweiß wird dann gefriergetrocknet und verpackt. Getrockneter Tofu hat eine andere Beschaffenheit als frischer Tofu und bleibt fester, was ihn für länger gekochte Gerichte besser geeignet macht. Er kann manchmal als Ersatz für frischen Tofu dienen, jedoch muß er zuerst eingeweicht und länger gekocht werden (Rezepte 12, 18).

Reismalz ist ein qualitativ sehr hochstehendes Süßmittel. Es wird mit natürlichen Enzymen erzeugt, die sich während des Keimens von Getreide bilden. Diese Enzyme produzieren dieselbe Art von Zucker, wie sie dem menschlichen Körper als natürlicher Brennstoff dient. B-Vitamine entstehen während dieses Prozesses. Dieser dicke Sirup ist köstlich in Desserts und verleiht auch Dressings, Marinaden und Bohnengerichten ein wunderbares Aroma (Rezepte 3, 5, 37, 39).

Nuka, im Westen als Reiskleie bekannt, ist die Spreu des Reiskorns. Nuka enthält feine Öle, Linolsäure und viele Vitamine. Es wird hauptsächlich zur Picklesherstellung verwendet (Rezepte 8, 26).

Daikon- Takuan ist ein Kleiepickle, für dessen Herstellung japanischer weißer Rettich (Daikon) getrocknet und dann ein Jahr oder länger in ein Gemisch aus Reiskleie (Nuka) und Salz eingelegt wird. Takuan-Pickles sind reich an Vitamin C, und da sie Stärke abbauen helfen und den Verdauungsprozeß unterstützen, vervollkommnen sie auf natürliche Weise Reis- und andere Getreidegerichte. Ein paar dünne, vom ganzen Rettich abgeschnittene Scheibchen sind eine delikate Beigabe zu fast jeder Mahlzeit. Wenn die Pickles zu salzig zu sein scheinen, braucht man sie bloß kurze Zeit in etwas Wasser zu legen (Rezept 8).

Sengiri Daikon ist Daikon-Rettich, der geraspelt und dann getrocknet wurde. Er ist süß und einfach zuzubereiten. Man braucht ihn bloß 5 bis 20 Minuten einzuweichen und kann ihn dann mit dem Lieblingsgemüse (sehr gut paßt er auch zu Meeresgemüse) kochen und gegen Ende mit Shoyu würzen. Er ist bekannt dafür, daß er Fett- und Schleimansammlungen im Körper auflöst (Rezept 12).

Wasabi- Pulver ist die getrocknete und gemahlene Wurzel des japanischen Meerrettichs. Sein Aroma und sein scharfer Geschmack sind in China und Japan wohlbekannt. Wasabi wird zu rohen Fischgerichten serviert und paßt in viele Dips, Soßen und Suppen (Rezept 14).

Shiitake sind getrocknete Pilze, die wegen ihres feinen Aromas und Geschmackes hochgeschätzt werden. Sie munden vortrefflich in Suppen oder mit Lotoswurzeln, Daikon, Kombu, Tofu, Frühlingszwiebeln oder verschiedenstem anderen Gemüse zusammen gekocht. Die heilkundlichen Wirkungen der Shiitake sind den Japanern wohlbekannt. Sie benutzen sie zur Regulierung des Cholesterinspiegels sowie zur Behebung von Stagnationen in den Nieren (Rezepte 12, 34).

Lotoswurzeln werden sowohl frisch als auch getrocknet verwendet. Die getrockneten, in Scheiben geschnittenen Wurzeln vervollkommnen nahezu jedes Gemüsegericht, ganz besonders Meeresgemüse, und schmecken selbst in Getreidespeisen und Eintöpfen. Lotoswurzeln vermögen die Lunge von Schleim zu reinigen und werden daher bei der Behandlung von Erkrankungen der Atemwege eingesetzt. Die pulverisierte Wurzel kann leicht Tees oder Suppen zu heilkundlichen Zwecken beigefügt werden (Rezepte 12, 18, 33, 34).

Tee

Bancha ist die Bezeichnung für alle älteren Teeblätter und -stiele, die nach dem Abernten der grünen Blätter auf dem Teestrauch zurückbleiben. Bancha-Tee kann täglich getrunken werden, ohne daß es zu einer Überreizung des Organismus kommt, denn er enthält sehr wenig Koffein. Er wird als Einjahres-, Zweijahres- und Dreijahrestee klassifiziert. Bancha, der nicht bereits geröstet in den Handel kommt, sollte zuerst in einer trockenen Pfanne leicht geröstet werden.

Kukicha bedeutet Zweigtee und ist auch als Dreijahres-Bancha bekannt. Da er sehr heilkräftig ist, wird er gern bei Verdauungsstörungen, Müdigkeit,

Nährwerttabelle (pro 100 g)

	Eiw.	Fett	Kh.	Kal.	F.st.	Ca mg	P mg	Fe mg	Na mg	K mg	V.A I.U.	V.B1 mg	V.B2 mg	N mg
Amasake	1,1	0,25	10,4	50	0,27	6,1	93	1,1	1,9	76,8	0	0,13	0,03	1,90
Azukibohnen	21,5	1,60	58,4	326	4,30	75,0	350	4,8	7,0	-	6	0,50	0,10	2,50
Bonito	24,0	7,30	0,0	168	0,00	-		-	-	-	-	-	-	-
Daikon	0,9	0,10	4,2	19	0,70	35,0	26	0,6	-	180,0	10	0,03	0,02	0,40
Fu	28,5	-	-	365	-	33,0	130	3,3	30,0	-	-	0,15	0,05	1,00
Jinenjo	3,5	0,10	27,5	121	0,90	21,0	46	0,7	7,0	x	0	0,08	0,02	1,00
Koji	6,0	0,70	73,4	334	-	-	-	-	-	-	-	-	-	-
Kuzu	0,2	0,10	83,1	336	-	17,0	10	2,0	2,0	x	-	-	-	-
Lotosw.	2,4	0,10	14,3	62	0,90	20,0	80	0,5	30,0	x	-	0,05	0,03	0,50
Gersten-Miso	12,8	5,00	21,0	154	1,90	116,0	190	3,5	4600,0	x	-	0,04	1,00	1,50
Hatcho-Miso	21,0	10,20	12,0	224	1,80	154,0	264	7,1	4100,0	x	-	0,04	1,30	1,30
Rotes Miso	13,5	5,80	19,1	153	1,90	115,0	190	4,0	4600,0	x	-	0,03	1,00	1,50
Weißes Miso	12,3	1,10	27,5	215	1,30	31,0	138	1,3	3200,0	x	-	0,03	1,00	1,50
Gelbes Miso	13,5	4,60	19,6	155	1,80	90,0	160	4,0	4100,0	x	-	0,03	1,00	1,50
Mochi	7,6	2,30	73,2	336	1,20	10,0	290	1,1	3,0	x	-	0,36	0,10	4,50
Soba- Nudeln	10,8	1,80	73,0	360	0,10	30,0	210	5,0	700,0	x	-	0,20	0,08	1,20
Somen- Nudeln	8,4	1,30	71,8	341	0,30	24,0	110	1,8	1200,0	x	-	0,12	0,04	1,00

Udon-Nudeln	2,6	0,3	24,9	116	0,1	5	25	0,3	120	x	-	0,04	0,01	0,2
Sake	0,5	-	5	110	-	5	6	0,1	-	x	-	-	-	-
Agar-Agar	2,3	0,1	74,6	-	0,0	400	8	5,0	-	x	-	-	-	-
Arame-Algen	7,5	0,1	60,6	-	9,8	1170	150	12,0	-	3900	50	0,02	0,2	2,6
Hiziki-Algen	5,6	0,8	42,8	-	13,0	1400	56	29,0	-	14700	150	0,01	0,2	4,0
Kombu-Seetang	7,3	1,1	55,0	-	3,0	800	150	-	2500	5800	430	0,08	0,32	1,8
Nori-Algen	35,6	0,7	44,0	-	4,7	260	510	12,0	600	x	11000	0,25	1,24	10,0
Wakame-Seetang	12,7	1,5	51,4	-	3,6	1300	260	13,0	2500	6800	140	0,11	0,14	10,0
Sesamöl	22,0	100,0	0,0	879	0,0	1	0,66	-	26	3	-	-	-	-
Sesamsamen	18,6	49,0	22,0	563	6,3	1160	616	10,5	60	725	30	0,98	0,24	5,4
Shoyu	5,6	1,3	9,5	68	0,0	82	104	5,0	7325	366	0	-	0,02	0,4
Hojicha-Tee	-	-	-	-	-	3	1	0,1	1	21	-	-	0,20	0,1
Kuckicha-Tee	20,0	4,3	61,0	-	19,0	720	200	37,0	60	-	9000	0,08	0,90	9,0
Grüner Tee	32,0	4,6	50,0	-	10,6	440	280	20,0	60	-	9000	0,35	1,40	4,0
Tekka	9,0	5,2	43,0	249	2,0	150	250	60,0	x	x	-	0,10	0,15	1,5
Tofu, getr.	53,0	26	7,2	436	0,2	590	710	9,4	18	x	-	0,05	0,04	0,6
Umeboshi	0,3	0,8	17,0	3	0,3	6	26	2,0	9400	x	-	0,06	0,09	0,6
Wasabi	1,3	0,2	38,0	10	0,9	61	32	0,9	96	290	-	-	-	-

Eiw. = Eiweiß; Kh. = Kohlenhydrate; Kal. = Kalorien; F.st. = Faserstoffe; Ca = Kalzium; P = Phosphor, Fe = Eisen; Na = Natrium; K = Kalium; V.A. = Vitamin A; V.B1 = Vitamin B1; V.B2 = Vitamin B2 = Riboflavin; N = Niacin.

x = keine Information vorhanden, - = zu wenig, um notiert zu werden

Quelle: USA-Landwirtschaftsministerium, Nährwerttabellen der Japan Nutritionist Association.

Herzproblemen und mit großem Nutzen bei Blaseninfektionen getrunken (Rezept 36).

Hojicha besteht aus den gerösteten und ungefärbten Blättern des Teestrauches. Er hat zwar keine so starke Heilwirkung wie Kukicha, wird aber dennoch so wie dieser verwendet und ist ein Tee für den täglichen Gebrauch (Rezept 36).

Sencha besteht aus den jungen, grünen Teeblättern, die geröstet wurden. Er enthält mehr Koffein und kann als anregendes Getränk nach einer reichlichen Mahlzeit oder zu besonderen Gelegenheiten genossen werden (Rezept 32).

Mu- Tee basiert auf einem traditionellen Tee, der zur Behandlung von Frauenleiden benutzt wurde. Dieser Tee besteht aus 16 Kräutern und wird als Mittel gegen Müdigkeit, zur Gewichtsreduktion und zur Stärkung von geschwächten Verdauungs-, Atmungs- und Fortpflanzungsorganen verwendet. Er kann aber auch einfach als Getränk genossen werden, wobei er sehr gut schmeckt, wenn man ihn im Verhältnis 1:1 mit Apfelsaft mischt. Es gibt auch einen Mu-Tee, der aus 9 Kräutern besteht und etwas weniger stark in seiner Wirkung ist (Rezept 24).

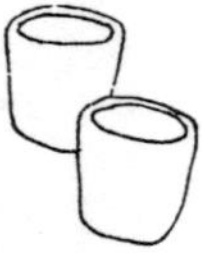

1. Süßes Amasake- Konzentrat

1 Tasse Naturreis, rundkorn
3 Tassen Wasser
1 Tasse Koji- Reis oder Koji- Gerste
1/4 Teelöffel Meersalz

Den Reis waschen und mit dem Wasser in einen Topf geben. Einen Deckel auflegen, das Ganze zum Kochen bringen und 1 Stunde köcheln lassen. Dann den Reis in einer Schüssel auf etwa 60-70 Grad C abkühlen lassen. Den Koji daruntermischen, die Schüssel mit einem Handtuch umwickeln und an einen warmen Ort (neben einen Heizkörper o.ä.) stellen. Nach 6-8 Stunden wird der Reis eher flüssig und sehr süß sein. Das Ganze zum Kochen bringen, Salz beifügen und 3 Minuten köcheln lassen. Dieses Kochen ist notwendig, damit die Enzyme zu arbeiten aufhören und keinen Verderb verursachen. Den Amasake so verwenden, wie er ist, oder pürieren. Zur Aufbewahrung in ein verschließbares Gefäß geben und kalt stellen. Dieses Konzentrat kann in unzähligen Rezepten, die nach einem Süßmittel verlangen, verwendet werden. Es schmeckt vorzüglich in Kuchen, Plätzchen, Getränken, Puddings usw. (Siehe *Amasake- Drink* oder *Vanillepudding*).

Das japanische Amasake- Konzentrat ist über den Naturkosthandel erhältlich, es kann aber auch zu Hause selbst gemacht werden (siehe *Das kleine Buch über... Süßmittel*).

Varianten: Neben oder statt Reis kann auch anderes Getreide verwendet werden. Hafer und Hirse ergeben ein sehr cremiges Konzentrat.

2. Arame mit gebratenen Pilzen

1/2 Pfund Pilze
1 Tasse getrocknete Arame
2 Eßlöffel Shoyu, 1 Eßlöffel Mirin
2 Tassen Wasser
1/2 Eßlöffel geröstetes Sesamöl

Die Arame spülen und in dem Wasser 1 Minute einweichen. Die Pilze in Scheiben schneiden und in einer schweren Pfanne in Öl sautieren. Die Arame daraufgeben und weitere 2 Minuten sautieren. Das Eiweichwasser darübergießen, so daß die Pilze bedeckt sind, einen Deckel auflegen und 30 Minuten köcheln lassen. Mit Mirin und Shoyu würzen und noch etwa 5 Minuten (bis alle Flüssigkeit verdampft ist) unbedeckt köcheln lassen.

Varianten: Helles Sesamöl verwenden oder in Halbmonde geschnittene Zwiebeln zu den Pilzen geben und mit ihnen zusammen sautieren. Das Gericht mit gerösteten Sesamsamen garnieren oder statt mit Mirin mit Ingwersaft bzw. 1 Eßl. Reisessig würzen. Die Arame durch Hiziki ersetzen, bei diesen dann aber die Kochzeit verlängern und nur 1/2 Tasse (bei gleicher Wassermenge) nehmen. Statt Shoyu Umeboshi-Essig verwenden.

3. Attraktives Apfelkanten mit Mandelcreme

4 mittelgroße Äpfel
2 Teelöffel Agar-Agar-Pulver oder
1 Stange Agar-Agar oder
2 Eßlöffel Agar-Agar-Flocken
1/4 Teelöffel Meersalz
4 Tassen Apfelsaft
Rosinen-Vanille-Soße (siehe Rezept)
3 Eßlöffel Mandelmus

Den Saft zum Kochen bringen, Salz und Agar-Agar zufügen und köcheln lassen, bis sich das Agar-Agar ganz aufgelöst hat (etwa 5 Minuten). Die Äpfel in Würfel schneiden und 1 Minute in dem Saft kochen. Die Mischung in eine Servierschüssel gießen und ganz abkühlen lassen, so daß das Agar-Agar fest wird. Die Rosinen-Vanille-Soße zubereiten. Das Mandelmus hineinrühren, um ihr eine cremige Konsistenz zu verleihen. Die heiße Soße auf dem Agar-Agar servieren.

Varianten: Statt mit Saft kann die Soße auch mit Wasser und 3-4 Eßl. Malz zubereitet werden. Für das Agar-Agar kann man auch andere Früchte und Fruchtsäfte verwenden. Sowohl getrocknete als auch frische Früchte sind köstlich darin.

4. Azukibohnen mit Karotten

1 Tasse Azukibohnen
4 Tassen Wasser
1 15 cm langer Kombustreifen
1 Tasse Karotten, in grobe Stücke geschnitten
1/4 Teelöffel Meersalz

Die Bohnen gut säubern und in 2 Tassen Wasser 6-8 Stunden einweichen. Zuerst den Kombu, dann die Karotten und zuletzt die Azukibohnen in einen Topf geben und das Wasser zufügen, so daß die Karotten damit bedeckt sind. Das Ganze ohne Deckel langsam zum Kochen bringen und 15 Minuten köcheln lassen. Einen Deckel auflegen und mindestens 1 Stunde ruhig kochen lassen. Wenn nötig, während des Kochens ein wenig kaltes Wasser am Topfrand zugießen. Wenn die Bohnen fast gar sind, das Salz beifügen und alles zusammen noch so lange köcheln lassen, bis die Bohnen alle Flüssigkeit aufgesogen haben (etwa 15 Minuten). Mit Reis oder anderen Getreide- und Gemüsegerichten auftragen. Diese Speise ist köstlich süß.

Varianten: Hokkaido-Kürbis schmeckt hervorragend in diesem Gericht - er kann anstelle von Karotten verwendet werden. Das Gericht kann ebenso 30-40 Minuten im Druckkochtopf gekocht werden. Ferner kann man auch schwarze Sojabohnen auf diese Weise zubereiten und statt mit Salz mit Shoyu oder Miso würzen.

5. Schwarze Sojabohnen mit Zitrone

1 Tasse schwarze Sojabohnen
4 Tassen Wasser
1/8 Teelöffel Meersalz
1 Eßlöffel Shoyu, 4 Zitronenscheiben

Die Bohnen in einem sauberen Tuch gut trocknen. Dann in 2 Tassen Wasser, dem das Salz zugefügt wurde, 5-8 Stunden einweichen. Danach die Bohnen mit dem restlichen Wasser zugedeckt 1-2 Stunden kochen. Die Bohnen sollten gut gekocht und weich sein. Mit Shoyu würzen und köcheln lassen, bis die Bohnen alle Flüssigkeit aufgesogen haben. Danach die Bohnen sorgfältig durchmischen und als Beilage heiß servieren. Mit Zitronenscheiben garnieren. Diese schöne, schwarze Beilage macht die Mahlzeit sehr ansprechend.

Varianten: Unmittelbar vor dem Servieren 1 Eßl. Reis- oder Gerstenmalz oder Mirin zu den Bohnen geben. Auch Azukibohnen können auf diese Weise gekocht werden.

6. Kohlrouladen

4 große Weißkohlblätter
4 Eßlöffel Bonitoflocken
1 Eßlöffel Sesamöl
1 Eßlöffel geröstete schwarze Sesamsamen
4 Streifen Kampyo (Kürbisfäden), 25 cm lang, in 1 Tasse Wasser eingeweicht
1 Tasse gekochter Naturreis
Körner von 1 Maiskolben
1 Eßlöffel Shoyu

Die Kohlblätter 2 Minuten in kochendes Wasser tauchen. Den Reis in Öl braten, die Maiskörner beifügen, das Ganze zudecken und 5 Minuten garen. Mit Bonitoflocken und Shoyu würzen. Auf jedes Kohlblatt 3-4 Eßl. Reismischung geben. Den Kohl - nach Art eines Briefumschlages - straff um die Füllung wickeln. Mit den Kampyo-Streifen (oder Baumwollfäden) zubinden und die „Päckchen" in das Kampyo-Einweichwasser legen. Das Ganze zum Kochen bringen und zugedeckt 10 Minuten köcheln lassen. Mit den gerösteten schwarzen Sesamsamen garnieren.

Varianten: Viele andere Speisereste, wie z.B. Arame mit Pilzen (siehe Rezept) usw., eignen sich auch als

Füllung für die Kohlrouladen. Ebenso kann der Reis mit Nüssen oder mit Seitan, Tempeh, Tofu oder Gemüse vermischt werden.

7. Kräcker mit Tofu- Tunke

1 Packung japanische Kräcker
1 Pfund Tofu
2 Eßlöffel Ume-Paste oder 2 Umeboshipflaumen
4 Eßlöffel Schnittlauch oder Frühlingszwiebeln, gehackt
1 Eßlöffel Tahin

Den Tofu 5-10 Minuten in Wasser kochen. Dann mit den Umeboshi (oder der Paste) und dem Tahin pürieren und den Schnittlauch oder die Frühlingszwiebeln untermischen. Die Tunke mit den Kräckern rundherum auf einer Servierplatte hübsch anrichten.

Varianten: Die Tunke kann auch mit anderen Kräutern wie Petersilie, Knoblauch usw. oder mit Mirin oder Sake gewürzt werden.

8. Daikon- Takuan- Suppe

1 Zwiebel, in Würfel geschnitten
1 Stück Takuan, 12-13 cm lang
Körner von 1 Maiskolben
1 kleiner Brokkoli, in Röschen zerlegt
4 Tassen Wasser
1/4 Tasse eingeweichte Dulse oder Wakame

Die Zwiebeln, dann die Maiskörner, Brokkoli und Dulse in einen Topf geben. Das Wasser in einem zweiten Topf zum Kochen bringen und über das Gemüse gießen. Dies zusammen 10 Minuten köcheln lassen. Den Takuan-Pökel hacken und die Suppe damit würzen. Diese Suppe hat einen interessanten Geschmack und ist eine feine Abwechslung im Sommer oder Frühling.

Varianten: Normalerweise wird Takuan (ein paar Scheibchen pro Person) als Pickle zur Mahlzeit serviert. Aber diese Suppe ist erfrischend und eine Abwechslung zur Shoyu- und Misosuppe. Man kann auch anderes Gemüse für die Suppe nehmen und den Takuan durch andere Nuka-Pickles (siehe Rezept) ersetzen.

9. Daikon-Shoyu-Gewürz

1 Stück Daikon, 10 cm lang
1 Eßlöffel Shoyu

Den Daikon (auf einer japanischen Porzellanreibe) sehr fein reiben. Das Shoyu darüberstreuen und dann zu fritierten Speisen oder Mochis servieren, um diese leichter verdaulich zu machen. Der Daikon sollte unmittelbar vor dem Servieren gerieben werden, da er sonst viel von seiner Wirkung verliert.

Varianten: Man kann auch Radieschen oder anderen Rettich statt Daikon verwenden oder Umeboshi-Essig statt Shoyu nehmen.

10. Daikon mit schwarzen Sesamsamen

1 kleiner Daikon (35 cm)
3 Eßlöffel schwarze Sesamsamen
1 Kombustreifen, 10 cm lang
1 Tasse Wasser
1/3 Teelöffel Meersalz
1 Teelöffel Shoyu

Den Kombu in Vierecke schneiden und auf den Boden einer Pfanne legen. Den Daikon in etwa 1 cm dicke Scheiben schneiden, diese auf den Kombu geben und dann das Salz und das Wasser zufügen.

Einen Deckel auflegen, das Ganze zum Kochen bringen und 15 Minuten köcheln lassen. Shoyu darüberstreuuen und weitere 2 Minuten dünsten. Den Sesam in einer trockenen Pfanne rösten, bis er zu springen anfängt und einen nußartigen Duft entfaltet. Jedes Daikonstück mit Sesam bedecken, auf einer Platte hübsch anrichten und zu Reis oder anderen Getreide- und Gemüsegerichten servieren. Die weißen Daikonscheiben sehen mit den schwarzen Samen bedeckt wunderschön aus.

Varianten: Unmittelbar vor dem Servieren kann man mit Mirin, Sake oder Ingwersaft würzen. Karotten, Kürbis und andere feste Gemüsesorten können auf dieselbe Weise zubereitet werden.

11. Fritierte Reisbälle

2 Tassen gekochter Naturreis, rundkorn
1 Eßlöffel Weizenmehl
Öl zum Fritieren

Den Reis mit dem Mehl vermischen und mit den Händen (die man zuerst mit Wasser befeuchtet) 6-8 feste Bälle formen. Das Öl erhitzen und die Bälle darin fritieren, bis sie rundherum goldbraun sind. Mit dem Daikon-Shoyu-Gewürz (siehe Rezept) und anderem Gemüse servieren. Diese Reisbälle sind köstlich mit einer knusprigen Kruste.

Varianten: Statt Reis kann man auch anderes Getreide oder Reste gekochter Bohnen verwenden. Ferner kann man nach dem „Kuzu-Getränk"-Rezept unter Verdoppelung der Kuzumenge eine Soße bereiten und diese warm auf den fritierten Bällen servieren.

12. Getrockneter Tofu mit Shiitake, Kombu und getrocknetem Daikon

4 Stück getrockneter Tofu, 15 Minuten eingeweicht
2-4 Shiitakepilze, in 1/2 Tasse Wasser 30 Minuten eingeweicht
2 15 cm lange Kombustreifen, in 1/2 Tasse Wasser 10 Minuten eingeweicht
1/4 Packung getrockneter Daikon, in 1 1/2 Tassen Wasser 10 Minuten eingeweicht
3 Eßlöffel Shoyu
1/2 Tasse Wasser
2 Eßlöffel gehacktes Frühlingszwiebelgrün zum Garnieren

Den Tofu gut ausdrücken und das Einweichwasser weggießen. Den Tofu in dünne Stücke schneiden. Die Shiitake in Scheibchen, die Kombu in feine Streifen schneiden und den getrockneten Daikon ebenfalls zerkleinern. Kombu, Shiitake, Daikon und Tofu schichtweise in einen Topf geben und das Einweichwasser der verschiedenen Zutaten plus 1/2 Tasse Wasser beifügen. Einen Deckel auflegen, das Ganze zum Kochen bringen und 45 Minuten köcheln lassen. Mit Shoyu würzen und weiterköcheln lassen, bis alle Flüssigkeit aufgesogen ist (etwa 15 Minuten). Dieses Gericht ist sehr heilkräftig und zugleich sehr schmackhaft.

Varianten: Mit Mirin, Ingwer, Reisessig oder gerösteten Sesamsamen würzen. Frischen Daikon oder Tofu verwenden oder auch getrocknete Lotoswurzeln (eingeweicht) oder anderes Gemüse mitkochen.

13. Endivien mit Natto-Miso

4 Endivien
1 1/2 Eßlöffel Natto-Miso
1/2 Tasse Wasser

Die Endivien halbieren, vom Strunk befreien (er ist sehr bitter) und mit dem Wasser in einen Topf geben. Auf jede Endivie etwas Natto-Miso streichen. Das Ganze zum Kochen bringen, zudecken und 8 Minuten köcheln lassen. Heiß als Beilage servieren.

Varianten: Ein Nori-Blatt rösten und in 4 Streifen schneiden, diese um 4 der 8 Endivienhälften wickeln und alle Endivien hübsch auf einer Servierplatte anordnen. Das Natto-Miso durch Umeboshi ersetzen.

14. Fisch- Sushi mit Wasabi

1 Teelöffel Wasabi-Meerrettich
1 Eßlöffel Wasser
1 Stiel Petersilie
1 Tasse gekochter Naturreis oder ungebleichter weißer Reis
2 Stück Lachs oder anderer roher Fisch

Das Wasabi mit Wasser verrühren, so daß es die Konsistenz einer dicken Paste hat. Diese 30 Minuten stehen lassen. Mit den Händen (die man zuerst mit Wasser befeuchtet) kleine ovale Bälle (4 X 2,5 X 2,5 cm) aus dem Reis formen. Auf jeden Ball, jedes „Sushi", ein wenig Wasabi-Paste geben (nicht zuviel nehmen, denn sie ist sehr intensiv). Dann ein Stück Lachs - das groß genug ist, um die eine Seite des Reisballs zu bedecken - auf das Wasabi plazieren. Alle Sushi auf einem Teller hübsch anordnen, mit Petersilie garnieren und als Appetithappen, vielleicht mit einem Becher warmem Sake, servieren.

Varianten: Jedes Sushi kann mit einem Streifen gerösteter Nori garniert werden. Statt Lachs kann man auch anderen Fisch, Garnelen, fritierten Tempeh oder Seitan verwenden. Ferner kann man die Sushi direkt vor dem Verzehr in einen aus 1/2 Tasse Wasser und 2 Eßl. Shoyu bereiteten Dip tauchen.

15. Fu mit Gemüse

1 Packung Fu (Kuruna)
1 kleiner Blumenkohl, in kleine Röschen zerteilt
1 großer Brokkoli, in kleine Röschen zerteilt
1 Karotte, diagonal in dünne Scheiben geschnitten
1 Lauch, diagonal in dicke Scheiben geschnitten
2 Eßlöffel Shoyu
2 Tassen Wasser

Den Fu 5 Minuten in dem Wasser einweichen. Jedes Stück in 6 Teile schneiden und mit dem Einweichwasser auf den Boden eines Topfes geben. Das Gemüse daraufschichten, und zwar zuerst den Lauch, dann die Karotten und zuletzt Blumenkohl und Brokkoli. Den Topf bedecken und das Ganze zum Kochen bringen. Auf mittelgroßer Flamme 5 Minuten köcheln lassen. Mit Shoyu würzen und noch ein paar Minuten unbedeckt garen. Mit Nudeln oder Reis servieren. Dies ist ein wunderbares Gericht für das ganze Jahr.

Varianten: Anderes Gemüse der Saison verwenden. Die Brokkoliröschen können auch nur die letzten 2 Minuten mitgekocht werden. Das Gericht kann unmittelbar vor dem Servieren mit Reisessig gewürzt werden.

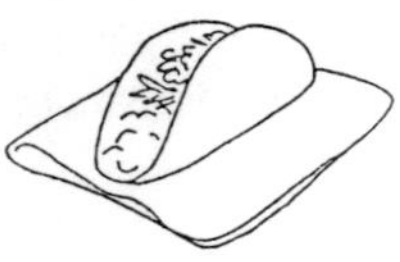

16. Gomasio aus schwarzen Sesamsamen

1 Tasse schwarze Sesamsamen
1 Eßlöffel Meersalz

Den Sesam waschen und abtropfen lassen. In der Zwischenzeit das Salz in einer trockenen Pfanne 2-3 Minuten rösten. Das Salz in einen Suribachi geben und sorgfältig zermahlen. Dann den Sesam in der trockenen Pfanne - unter ständigem Rühren - rösten, bis er zu springen anfängt und einen angenehmen nußartigen Duft ausströmt. Den heißen Sesam zum Salz geben und zusammen mit diesem zerstoßen, bis die Samen halb zerdrückt sind. Das Gomasio abkühlen lassen und dann zur Aufbewahrung in ein Gefäß mit luftdicht schließendem Deckel füllen. Als Gewürz über Getreide-oder Gemüsegerichte streuen (1-2 Teelöffel pro Person).

Varianten: Statt Salz kann man auch Shoyu oder Miso nehmen. Die Salzmenge kann entsprechend den individuellen Bedürfnissen geändert werden.

17. Grüne Röllchen mit Shisoblättern

4 Chinakohlblätter
2 Shisoblätter
2 kleine Karotten

Die Chinakohlblätter 1-2 Minuten in kochendes Wasser tauchen. Die Karotten sehr fein reiben. Den Chinakohl mit der Blattinnenseite nach oben so auf eine Reis(Sushi)-Matte legen, daß das obere Ende eines Blattes auf das untere Ende des nächsten Blattes zu liegen kommt (daß das Stielende eines Blattes nach unten und jenes des nächsten Blattes nach oben zeigt usw.). Die Shisoblätter nebeneinander auf die untere Chinakohlhälfte legen und die Karotten in die Mitte der Shisoblätter geben. Mit Hilfe der Reismatte den Chinakohl (nach Art der Norirollenherstellung) behutsam um die Karotten rollen. Noch vor dem Entfernen der Matte die überschüssige Flüssigkeit aus der Rolle herausdrücken. Die fertige Rolle mit einem scharfen Messer vorsichtig in etwa 1 cm dicke Ringe schneiden. Diese Röllchen sind köstlich und sehr dekorativ zu fast jeder Mahlzeit.

Varianten: Man kann auch anderes gekochtes oder rohes Gemüse als Füllung verwenden. Reste gekochter Arame oder Hiziki eignen sich ebenso gut dafür (siehe Rezepte). Ferner kann man geröstete Samen oder Nüsse beimischen und mit Reisessig, Zitrone oder Mirin würzen.

18. Hiziki mit Tempeh und getrockneten Lotoswurzeln

1/2 Tasse getrocknete Hiziki
1/2 Pfund Tempeh
1 Eßlöffel geröstetes oder helles Sesamöl
1 Zwiebel, in Halbmonden geschnitten
60 g getrocknete Lotoswurzeln
2 Tassen Wasser
Öl zum Fritieren
1 Teelöffel Ingwersaft
2 Eßlöffel Shoyu

Die Hiziki mit kaltem Wasser gut säubern. Dann in 1 Tasse Wasser einweichen. Die Lotoswurzeln in der anderen Tasse Wasser einweichen. Die Zwiebeln in Öl sautieren, dann Lotoswurzeln, Hiziki und Einweichwasser zufügen. Alles zum Kochen bringen. In der Zwischenzeit das Fritieröl erhitzen. Den Tempeh in Quadrate schneiden und goldbraun fritieren. Den fritierten Tempeh auf die Hiziki geben. Einen Deckel darauflegen und das Gericht 40 Minuten köcheln lassen. Mit Shoyu würzen und weiterköcheln lassen, bis alle Flüssigkeit aufgesogen ist (etwa 2 Minuten). Den Ingwersaft beifügen und alles behutsam vermischen. Als Beilage servieren. - Ein nahr- und schmackhaftes Gericht.

Varianten: Die Hiziki durch Arame ersetzen. Anderes Gemüse wie Pilze und Karotten verwenden oder Seitan oder Tofu (frisch oder getrocknet) statt Tempeh nehmen.

19. Italienisches Nudelgericht

1/2 Pfund Udon- Nudeln
2 Maiskolben
1 Karotte, in kleine Würfel geschnitten
Petersilie zum Garnieren
1 Tasse weiße „Sherry"-Soße (siehe Rezept)

Die Udon-Nudeln in reichlich Wasser gar kochen (8 Minuten), dabei hin und wieder kaltes Wasser zugießen. Die Maiskörner von den Kolben schneiden und 2 Minuten in kochendem Wasser brühen. Die Karottenwürfel auf dieselbe Weise kochen. Die Udon behutsam mit dem Gemüse und der Soße vermischen. In individuelle Servierschüsseln geben und mit Petersilie garnieren. - Ein reizvolles Partygericht.

Varianten: Man kann auch andere Nudel- und Spaghettiarten sowie das Gemüse der Saison, roh oder halbgar gekocht, verwenden. Ferner kann man die Soße mit verschiedenen Kräutern, wie etwa Dill, oder mit 1 Eßl. Sake würzen.

20. Japanisches gebratenes Gemüse

1 Karotte, in Streichholzform geschnitten
1 Zwiebel, in Halbmonde geschnitten
1 kleiner Brokkoli, in Röschen zerteilt
4 Chinakohlblätter, diagonal in Streifen geschnitten
1/4 Pfund Pilze
2 Eßlöffel Wasser
1/2 Eßlöffel Kuzu
1 Eßlöffel geröstetes Sesamöl
2 Eßlöffel Shoyu

Das Gemüse (in dünne, kleine Stücke) schneiden. Das Öl in einem Wok oder einer großen Bratpfanne erhitzen. Die Zwiebeln zuerst 2-3 Minuten sautieren, dann das übrige Gemüse beigeben. Nach 2-3 Minuten wird das Gemüse eine kräftige, leuchtende Farbe bekommen. Das Kuzu in etwas kaltem Wasser auflösen und über das Gemüse gießen. Shoyu zufügen und behutsam umrühren, bis das Gemüse glänzend und farbenprächtig wird. Dann sofort in eine Servierschüssel geben.

Varianten: Man kann auch fritierten Fisch, Tempeh, Tofu oder Seitan beifügen. Ferner kann man mit 1 Teelöffel Ingwersaft oder 1 Eßlöffel Reisessig würzen.

21. Kuzu- Getränk

1 Teelöffel Kuzu
1 Tasse Wasser
1 Teelöffel Shoyu

Das Kuzu in etwas Wasser auflösen und mit dem restlichen Wasser in einen Topf gießen. Das Ganze unter Rühren langsam zum Kochen bringen. 1 Minute köcheln lassen, dann mit Shoyu würzen. Dies ist ein feines und wärmendes Getränk.

Varianten: Man kann auch noch 1/2 - 1 Umeboshipflaume und 1/3 Teelöffel Ingwersaft beigeben. Dies macht das Getränk stärker und sehr schmackhaft.

22. Marinierter gegrillter Fisch in Sake

1 Pfund weißfleischiger Fisch
1 Tasse Sake
1/2 Tasse gehackter Dill
1 Teelöffel Senf
1/2 Eßlöffel Shoyu

Den Fisch abspülen und in eine aus Sake, Dill, Senf und Shoyu bereitete Marinade legen. Mindestens 20 Minuten marinieren - je länger, desto besser. Dann den Fisch im Backofen grillen. Mit der restlichen Marinade sofort servieren.

Varianten: Statt Sake kann man auch Mirin oder Reisessig nehmen. Gemüse, besonders gelber Sommerkürbis, kann auf dieselbe Weise mariniert und gegrillt werden.

23. Misosuppe mit Mochi

1 10 cm langes Stück Wakame
1 Tasse Daikon, in Streichholzform geschnitten
4 Tassen Wasser
1 1/2 Eßlöffel Miso
2 Eßlöffel gehackte Frühlingszwiebeln
1/4 Pfund getrocknete Mochis

Die Wakame durch Abbürsten säubern und 3 Minuten einweichen. Dann sehr fein schneiden. Das Wasser zum Kochen bringen, Wakame und Daikon hineingeben, zudecken und 4-8 Minuten köcheln lassen. Das Miso mit etwas Suppenwasser verrühren, die Suppe damit würzen und noch 2 Minuten leicht köcheln lassen. Mit warmem Mochi (siehe Rezept) und Frühlingszwiebeln garnieren.

Varianten: Andere Misoarten und Gemüse der Saison verwenden. Tempeh, Seitan oder Tofu kann auch beigefügt werden. Reste von gekochtem Reis oder gekochten Nudeln machen die Suppe zu einer vollständigen kleinen Mahlzeit.

24. Mu- Tee- Schale

4 Tassen Flüssigkeit (Saft oder Wasser)
1-2 Eßlöffel oder 2 Teebeutel Mu-Tee (mit 9 oder 16 Kräutern)
1 Orange, in Scheiben geschnitten

Wasser oder Saft zum Kochen bringen, den Tee hineingeben und 10-15 Minuten köcheln lassen. Heiß oder gekühlt servieren. Mit Orangenscheiben garnieren.

Varianten: Äpfel, Rosinen, Beeren oder andere Früchte, roh oder blanchiert, in der Schale mischen.

Unmittelbar vor dem Servieren mit 1 Teelöffel Zimt würzen. Dieses Getränk ist köstlich im Sommer wie im Winter.

25. Natto- Miso- Gewürz

1 Tasse fein gehacktes grünes Gemüse
1 Eßlöffel Natto-Miso
1 Eßlöffel Tahin
1 Eßlöffel Wasser

Das Gemüse hacken. (Im Frühling sind Löwenzahnblätter oder Petersilie eine vorzügliche Wahl, ebenso schmecken Daikonblätter oder Karottengrün in diesem Gewürz.) Tahin und Wasser in einer Schüssel oder einem Suribachi verrühren, dann das Natto-Miso und zuletzt die grünen Blätter beimischen. Als Gewürz auf Getreidegerichten servieren. - Eine stärkende und nahrhafte Gewürzzubereitung.

Varianten: Man kann auch Nußmuse statt Tahin verwenden oder die gehackten Blätter vorher eine Minute in etwas Öl braten bzw. in Wasser sautieren und dann erst zur Natto-Miso-Mischung geben. Wenn eine süßere Gewürzmischung erwünscht ist, kann 1 Eßl. Reis-oder Gerstenmalz beigefügt werden.

26. Nuka (Reiskleie)-Pickles

5 Pfund Nuka, 1 Tasse Mugi (Gersten)-Miso
8 Tassen Wasser, 2 Kombustreifen, ca. 10 cm lang
1 Tasse feines Meersalz
festes Gemüse (verschiedene Sorten, in entsprechend unterschiedlichen Größen)

Das Wasser mit Salz und Kombu zum Kochen bringen, das Miso hineinrühren und abkühlen lassen. Das Nuka rösten, bis es leicht goldbraun ist, dabei ständig rühren, um ein Anbrennen zu vermeiden. Dann abkühlen lassen. In einem großen Steinguttopf die Flüssigkeit und das Nuka sehr gut vermischen. In dieser Paste wird das Gemüse gepökelt. Wenn sie sachgerecht behandelt wird, kann sie sich Jahre halten. Das

Gemüse sehr sorgfältig säubern und trocknen, dann (ohne gegenseitige Berührung) in die Nuka-Mischung einlegen und ganz damit bedecken. (Wenn die ersten Pickles zu salzig sind, kann man sie für eine kurze Zeit in reines Wasser oder in eine Wasser-Reisessig-Mischung legen.) Die Pökeldauer hängt von der Größe der Gemüsestücke ab und erstreckt sich von ein paar Tagen bis zu einigen Wochen oder auch Jahren. Einmal täglich oder zumindest 3-4mal wöchentlich sollte das Nuka behutsam umgerührt werden. Der Pökelbehälter sollte an einem kühlen Ort gelagert und außerdem stets gut zugedeckt werden, um unerwünschten Luftzutritt zu vermeiden. Vor dem Servieren das überschüssige Nuka vom Gemüse abspülen und dieses fein schneiden. 2-3 kleine Stücke pro Person servieren. Die Pickles sind - mehrmals pro Woche - eine nahezu unerläßliche Beigabe zu jeder beliebigen Mahlzeit.

Varianten: Von Zeit zu Zeit kann man der Pökelmasse frisches Gemüse zufügen. Wenn das Nuka zu flüssig wird, gibt man frisch geröstetes Nuka und Salz zur Masse. Bildet sich an der Oberfläche durch Luftzutritt etwas Schimmel, so braucht man ihn bloß sorgfältig zu entfernen. - Eine andere Möglichkeit ist, Nuka-Pickles in Schichten zuzubereiten, d.h. abwechselnd eine Schicht reine (trockene) Salz-Nuka-Mischung und eine Schicht Gemüse in den Behälter zu geben.

27. Gepreßter Salat

5 Chinakohlblätter
1 Karotte
1 Eßlöffel Umeboshi-Essig, -Paste oder -Pflaumen

Den Chinakohl diagonal in feine Streifen schneiden. Die Karotte reiben und mit den anderen Zutaten in einer Salatpresse gut vermischen. 30 Minuten unter starkem Druck stehen lassen, dann den Druck verringern und so noch 1 Stunde pressen. Danach servieren. - Eine rasch zubereitete, erfrischende Beilage.

Varianten: Man kann dem Salat auch geröstete Samen und Nüsse oder frische Kräuter wie Petersilie, Dill usw. beimischen. Die meisten (grünen) Gemüse sowie viele Wildpflanzen (z.B. Löwenzahn und Farne) sind sehr delikat in einem gepreßten Salat. Einfach alles sehr fein schneiden, mit der Marinade - die man auch variieren und z.B. mit 1/2 Eßl. Reisessig und 1 Teelöffel Meersalz zubereiten kann - vermischen und pressen.

28. Rettichblumen

2 Tassen Radieschen
2 Eßlöffel Umeboshi-Essig
2 Tassen Wasser

Um Rettichblumen anzufertigen, die Radieschen bis zur Mitte (halb durch) in dünne Scheiben schneiden - dies zuerst in einer Richtung und dann senkrecht (im rechten Winkel) dazu nochmals. Die so eingeschnittenen Radieschen in Wasser legen und 13 Stunden kalt stellen. Das kalte Wasser bewirkt, daß sie sich wie Blumen entfalten. Direkt vor dem Servieren etwas Ume- Essig über jede „Blume“ träufeln. Diese Rettichblumen sind eine wunderbare Zierde für fast jede Mahlzeit und außerdem sehr erfrischend.

Varianten: Statt Radieschen kann man auch Daikon nehmen. Diesen schneidet man zuerst in 2-3 cm große Stücke und fährt dann wie oben beschrieben fort. Wenn der Ume- Essig gleich dem Wasser zugefügt wird, dringt sein Geschmack gut in die Radieschen ein. Da jedoch das Salz hier ein automatisches Öffnen der „Blumen“ verhindert, muß man sie dabei vor dem Servieren selbst mit den Händen öffnen.

29. Rosinen- Vanille- Soße

1 Tasse Apfelsaft, 1/2 Tasse Rosinen
1 Vanilleschote
1/4 Teelöffel Meersalz, 1 Eßlöffel Kuzu

Saft, Rosinen und Salz in einen Topf geben, zum Kochen bringen und 5 Minuten köcheln lassen. Mit der zerkleinerten Vanilleschote würzen. Das Kuzu in

2 Eßl. kaltem Saft oder Wasser auflösen und behutsam in die Saftmischung einrühren. 1-2 Minuten köcheln lassen - dann wird die Soße klar sein. Heiß zu Pfannkuchen oder anderen Desserts servieren. - Eine rasch zubereitete und leckere Soße.

Varianten: Man kann auch andere Fruchtsäfte und Früchte verwenden. Im Frühsommer sind frische Erdbeeren wunderbar darin.

30. Ramen mit Tahin und Fu

2 Packungen Ramen (Udon oder Soba)
8 kleine Fu-Stücke (Zenryu)
1 Eßlöffel Tahin
2 Frühlingszwiebeln
4 Tassen Wasser

Das Wasser zum Kochen bringen, dann die Fu-Ringe und die Trockenmisowürze, die der Ramen-Packung beiliegt, hineingeben. 10 Minuten köcheln lassen. Die Fu-Ringe herausnehmen und jeden davon in vier Stücke schneiden. Diese wieder in die Bouillon geben, dann die Ramen zufügen. Die Nudeln etwa 5 Minuten (bis alle Flüssigkeit aufgesogen ist) köcheln lassen. Das Tahin mit etwas heißem Wasser verrühren und unter die Nudeln mischen. Die Frühlingszwiebeln hacken und vor dem Servieren die Nudeln damit garnieren. Dieses Gericht ist cremig und lecker.

Varianten: Man kann auch verschiedene Gemüse mit den Nudeln kochen. Ferner kann man das Tahin weglassen oder es durch zerstoßene geröstete Sesamsamen ersetzen. Fügt man mehr Wasser hinzu, so erhält man eine delikate Suppe.

31. Reis mit Perlgerste

2 Tassen Naturreis, rundkorn
1/2 Tasse Perlgerste (Hato-Mugi)
3 Tassen Wasser
1/8 Teelöffel Meersalz

Reis und Perlgerste separat waschen, dann in einem Druckkochtopf vermischen und das Wasser hinzugeben. Das Ganze langsam (über 20 Minuten hinweg) zum Kochen bringen, das Salz beifügen und den Topf mit dem Deckel verschließen. Den Druck ganz hochkommen lassen. Wenn nötig, einen Flammenverteiler unterlegen, und 45 Minuten bei schwacher Hitze kochen. Danach den Druck langsam absinken lassen. Einen hölzernen Reisspachtel befeuchten und das Getreide damit vom Topfrand lösen. Noch 5 Minuten stehen lassen, dann den Reis in eine Schüssel geben und mit einer Reismatte zudecken. Letztere hält das Gericht warm und verhindert zugleich, daß es vom Dampf matschig wird.

Varianten: Man kann auch gewürfeltes Gemüse zum Getreide geben, bevor man dieses kocht. Ferner kann man schwarze Sesamsamen rösten und den Reis vor dem Servieren damit garnieren. Das Salz kann durch 1/2 Umeboshipflaume ersetzt werden.

32. Grüner Tee (Sencha)

2 Tassen Wasser
1 Eßlöffel Sencha (grüner Tee)

Das Wasser zum Kochen bringen. Heißes Wasser in eine Teekanne gießen und ein paar Minuten darin belassen. Dann das Wasser wegschütten, den Tee in die Kanne geben und das kochende Wasser darübergießen. Nicht länger als 7 Minuten ziehen lassen, da sonst der Tee bitter wird. Den grünen Tee abseihen und heiß in kleinen Keramiktassen servieren.

Variante: An heißen Sommertagen kann der Tee auch kalt mit einer Zitronenscheibe serviert werden.

33. Shiso- Nori- Gewürz

2 Eßlöffel Shiso-Würze
4 Eßlöffel grüne Nori-Flocken
1 Tasse Kürbiskerne
1 Eßlöffel Lotospulver

Die Kürbiskerne in einer heißen trockenen Pfanne rösten, bis sie alle aufspringen. Die gerösteten Kerne in einem Suribachi zerstoßen, dann die Noriflocken, das Lotospulver und die Shisowürze beifügen. Alles gut miteinander vermischen. Zur Aufbewahrung in ein verschließbares Gefäß geben. 1-2 Teelöffel davon über Reis oder andere Gerichte streuen.

Varianten: Die Kürbiskerne können durch andere Samen ersetzt werden. Getrockneter Ingwer kann als zusätzliche Würze beigefügt werden.

34. Shiitake-Brühe

4 Shiitakepilze, 30 Minuten eingeweicht
4-6 Eßlöffel Bonitoflocken
1 Kombustreifen, 15 cm lang
1/2 Pfund Tofu, in Würfel geschnitten
1 Frühlingszwiebel, in schmale, lange Stücke geschnitten;
4 Tassen Wasser
2-4 Eßlöffel Shoyu

Die Shiitake in dünne Scheiben schneiden. Das Wasser zum Kochen bringen, Kombu und Shiitakepilze beifügen und 10 Minuten köcheln lassen. Den Kombu herausnehmen und Tofu und Bonitoflocken hineingeben. Die Brühe köcheln lassen, bis der Tofu an die Oberfläche steigt (2-4 Minuten). Mit Shoyu würzen und mit Frühlingszwiebeln garnieren. Diese Brühe ist schmackhaft und sehr befriedigend.

Varianten: Die Bonitoflocken können weggelassen werden, obgleich sie der Brühe einen wunderbaren, kräftigen Geschmack verleihen. Man kann der Brühe auch Lotoswurzelpulver zufügen oder sie mit fein geschnittener gerösteter Nori garnieren. Die Brühe ist köstlich über Udon- oder Soba-Nudeln. Das Shoyu kann durch leichtes Miso ersetzt werden.

35. Tororo-Kombu-Suppe

1/4 Packung Tororo-Kombu (20 g)
1 Karotte, fein gerieben
60 g Buchweizen-Spaghetti (Soba-Nudeln)
3 Tassen Wasser

Die Nudeln in reichlich Wasser gar kochen, dabei hin und wieder kaltes Wasser zugießen. Den Tororo-Kombu in 3 Tassen Nudelkochwasser auflösen. Die Nudeln auf die einzelnen Servierschüsseln verteilen, die heiße Tororo-Suppe darübergießen und mit geriebenen Karotten garnieren. Diese Suppe ist einfach in der Zubereitung, schnell fertig und sehr delikat und erfrischend.

Varianten: Man kann auch Gemüse in der Suppe kochen und andere Spaghetti oder Nudeln verwenden oder sie überhaupt weglassen.

36. Dreijahrestee (Bancha)

4 Tassen Wasser
1 Eßlöffel Hojicha- oder Kukicha-Tee

Das Wasser zum Kochen bringen, die Teeblätter oder -zweige beifügen und 10 Minuten ziehen lassen. Heiß in kleinen Teetassen servieren. - Die Zweige und Blätter können weiterverwendet werden, wobei man dann jeweils nur frisches Wasser und ein wenig zusätzliches (frisches) Teekraut zu nehmen braucht. Nach drei-bis fünfmaligem Aufkochen sollte das Teekraut weggeworfen und durch neues ersetzt werden.

Varianten: Man kann den Tee, speziell im Sommer, auch mit einer Zitronenscheibe servieren, ihn im Verhältnis 1:1 mit Apfelsaft mischen oder ihm 1/6 Teelöffel Ume-Konzentrat zufügen. Ferner können dem Tee frische oder getrocknete Kräuter, wie Thymian oder Kümmelsamen, beigegeben werden.

37. Vanillepudding

1 Tasse Haferflocken
2 Eßlöffel Naturreismehl
1 Teelöffel Agar-Agar-Pulver oder
1/2 -1 Stange Agar-Agar (zerkleinert) oder
2 Eßlöffel Agar-Agar-Flocken
2 1/2 Tassen Wasser
2 Eßlöffel Reismalz
3 Eßlöffel Ahornsirup
2 1/2 Teelöffel Vanille

Haferflocken, Reismehl, Agar-Agar und Salz in einem kleinen Topf vermischen. Das Wasser zugießen und alles gut verrühren. Das Ganze unter Rühren zum Kochen bringen und 10 Minuten köcheln lassen. Den Topf vom Herd nehmen und die übrigen Zutaten beifügen. Dann alles in einem elektrischen Mixer verrühren, so daß es eine dicke, cremige Konsistenz erhält. In individuelle Servierschüsseln oder eine große Schüssel füllen und 45 Minuten kalt stellen. Dann bis zum Servieren bei Raumtemperatur stehen lassen. - Lecker und cremig, wie er ist, wird dieser Pudding bei den meisten Leuten Anklang finden.

Varianten: Will man einen Schokoladepudding herstellen, so braucht man bloß mit 2 Eßl. Carob zu würzen. Reismalz und Ahornsirup können durch Amasake-Konzentrat ersetzt werden.

38. Warmer Amasake- Drink

1/2 Tasse Amasake-Konzentrat (siehe Rezept)
1 1/2 Tassen Wasser
2 Eßlöffel Kuzu
1/2 Teelöffel Ingwersaft

Das Amasake-Konzentrat mit dem Wasser und Kuzu verrühren. Die Mischung unter ständigem Rühren langsam zum Kochen bringen. 2 Minuten köcheln lassen. Mit Ingwersaft würzen und den Drink warm servieren. Dieses Getränk wärmt den Körper an einem kalten Tag.

Varianten: Statt Ingwer kann man auch geriebene Zitronenschale nehmen. Wenn man die Kuzumenge verdoppelt, erhält man einen Amasakepudding. Der Drink kann auch mit frischem Obst zubereitet oder garniert werden.

39. Warme Mochis

1/4 Pfund Mochi, hausgemacht, (siehe Das kleine Buch über Getreide)
1/2 Eßlöffel Shoyu

Mochi in Würfel schneiden. Eine trockene Bratpfanne erhitzen und die Mochis hineingeben. (Darauf achten, daß die Pfanne nicht zu heiß ist.) Die Würfel braten, bis sie leicht goldbraun sind und sich aufblähen. Dann die Mochis wenden und eine Minute auf der anderen Seite braten. Jedes Stück mit Shoyu beträufeln und heiß servieren - als Imbiß, in der Suppe, mit Marmelade zu Tee oder mit etwas Daikon-Shoyu-Gewürz (siehe Rezept). Mochis sind eine reizvolle und vielseitig verwendbare Speise.

Varianten: Man kann auch ein warmes Mochistück mit etwas reiner Fruchtmarmelade und/oder Tahin bestreichen und dann ein zweites warmes Mochi darauflegen, so daß eine Art Sandwich entsteht. Ebenso kann man Mochis in gerösteten Samen, Kinako (geröstetem Sojabohnenpulver) oder gehackten gerösteten Nüssen wälzen oder sie in Gerstenmalz tauchen. Sehr dekorativ sehen Mochis aus, wenn man sie mit einem Streifen Kizame-Nori oder einem Streifen eines gerösteten Noriblattes umwickelt .... Die Möglichkeiten sind zahllos.

40. Weiße Bohnen mit „Sherry"-Soße

1 Tasse weiße Bohnen, über Nacht eingeweicht
2 Tassen Wasser
1 Streifen Kombu, 15 cm lang
3 Zwiebeln, in Halbmonde geschnitten
1/2 Teelöffel Meersalz
3 Eßlöffel gehackte Frühlingszwiebeln
1 Tasse weiße „Sherry"-Soße (siehe Rezept)

Die Zwiebeln ohne Öl in einem schweren Topf sautieren. Das Einweichwasser von den Bohnen weggießen. Die Bohnen zu den Zwiebeln geben, dann das Wasser und den Kombu zufügen. Das Ganze zugedeckt köcheln lassen, bis alles Wasser aufgesogen ist und die Bohnen weich sind (etwa 1 Stunde). Das fertige Gericht vorsichtig in die weiße „Sherry“-Soße einrühren und - mit Frühlingszwiebeln garniert - zu Maisbrot oder Tortillas servieren. - Eine cremige, weiße Speise.

Varianten: Andere Hülsenfrüchte, wie Azukibohnen, können ebenso auf diese Weise zubereitet werden. Gekochte Nudeln oder Teigwaren können auch unter die Bohnen-Soßen-Speise gemischt werden.

41. Weiße „Sherry“-Soße

1 Zwiebel
1 Tasse Wasser
1 Eßlöffel weißes Miso
1 Eßlöffel Sesamöl
1 Eßlöffel Kuzu, in 1/2 Tasse Wasser angerührt
1 Eßlöffel Mirin

Die Zwiebel sehr fein hacken, dann in Öl sautieren, das Wasser zufügen und zum Kochen bringen. 10 Minuten köcheln lassen. Mit Miso und Mirin würzen.

Das Kuzu beigeben und noch 1 Minute leicht kochen. Zu Reis, Gemüse- oder Fischgerichten servieren.

Varianten: Auch andere Soßen können auf diese Weise hergestellt werden. Eine braune Soße erhält man, wenn man mit Shoyu und dunklem Miso würzt. Ferner kann man dieser „Sherry"-Soße Pilze beifügen oder sie statt mit Kuzu mit Mehl andicken.

Begriffserklärungen

Carob: Getrocknete tropische Frucht, die in Pulverform als Ersatz für Kakao dient.

Daikon- Rettich: weiße Rettichart, die bis zu 50 cm lang wird (in Asien beheimatet). In den letzten Jahren auch zunehmend in Europa heimisch. Ersatzweiße kann auch üblicher Rettich verwendet werden.

Ingwer: Beigefarbene Wurzel mit sehr scharfem Geschmack. Verwendung: Die Wurzel fein reiben und aus dem Geriebenen den Saft herausdrücken. Ingwer ist auch in getrockneter Form erhältlich. 1 Teelöffel getrockneter Ingwer = 1 Eßlöffel Saft.

Kampyo: Getrocknete Kürbisseide. Muß vor Gebrauch eingeweicht werden.

Mehl: Feines Vollkornmehl oder gesiebtes Mehl nimmt man für leichte Backwaren und grobes Vollkornmehl für schwerere Produkte wie Brot usw. Um optimale Ergebnisse zu erzielen, sollte stets ungebleichtes, chemikalienfreies Mehl (aus organisch-biologischem Getreide) verwendet werden.

Salz: Beim Kochen sollte stets unraffiniertes weißes Meersalz verwendet werden.

Schneidemethoden: *Halbmonde:* Hierfür schneidet man z.B. eine Zwiebel vertikal in der Mitte durch. Dann legt man jede Hälfte auf die Schnittfläche und schneidet sie vertikal in Scheiben.
Streichholzform (Karotten): Man schneidet die Karotte zuerst diagonal in Scheiben und dann jede Scheibe der Länge nach in Stifte („Streichhölzer").

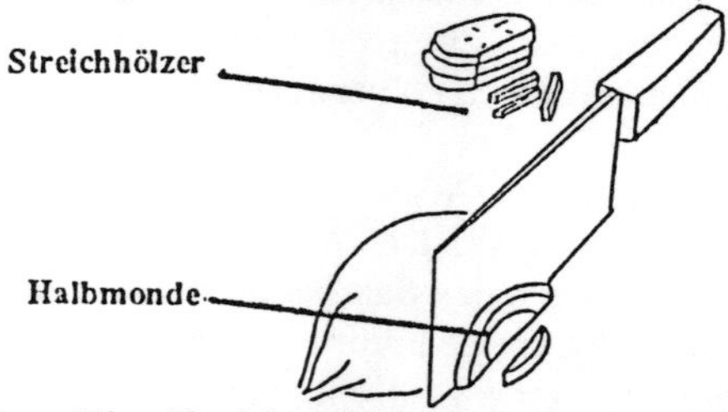

Seitan: Eiweißreiches Nahrungsmittel aus Weizengluten, das in einer Brühe aus Shoyu, Kombu und Wasser gekocht wurde.

Tahin: Sesamsamen, die zu einer Paste vermahlen wurden, welche die Beschaffenheit von Nußmus hat.

Tempeh: Sehr nahrhaftes fermentiertes Sojabohnenprodukt, das mit Hilfe einer speziellen Art von Bakterien hergestellt wird.

Tofu: Eiweißreicher weißer Würfel, der aus Sojabohnen und Nigari (Rückstand bei der Meersalzgewinnung) erzeugt wird.

Bücherliste

Zum weiteren Verständnis und Vertiefung der in dieser Buchreihe angesprochenen Zusammenhänge zwischen Ernährung und Gesundheit ist nachfolgende Literatur von Bedeutung:

Aihara Herman, *Milch, ein Mythos der Zivilisation,* Mahajiva 1985

Bradford, Peter und Montse, Das makrobiotische Algenkochbuch, Mahajiva, 1988.

East–West–Foundation, * *KREBS–FREI: 30 Siege über Krebs -auf natürliche Weise,* Ost–West–Bund, 1993

Esko, Edward, * *Heilung des Planeten Erde, Ratgeber für eine ökologisch ausgeglichene Ernährung und Lebensweise,* Ost–West–Bund, 1992

Jack, Alex, * *DEINE NAHRUNG SEI DEINE MEDIZIN, 188 wissenschaftliche Studien über den Nutzen vollwertiger Ernährung für Körper, Geist, Gesellschaft und Umwelt,* Ost–West–Bund, 1992

Kushi, Aveline, * *Aveline Kushi' s großes Buch der makrobiotischen Küche,* Ost–West–Bund,1987

Kushi, Michio & Aveline, *Allergien & Immunsystem, -Heilung durch naturgemäße Ernährung und Lebensweise,* Ost–West–Bund, 1991

– * *Das große Buch der makrobiotischen Ernährung und Lebensweise,* Ost – West – Bund, 1988

Kushi, Michio, *Natürliche Heilung mit Makrobiotik,* Ost–West–Bund, 1981

– *Die makrobiotische Hausapotheke- Nahrungsmittel in medizinischer Anwendung,* Ost–West–Bund 1985

Marn Gabriel Günther, * *Ein Weg-ein Ausweg?* , Ost–West–Bund, 1985

Sattilaro, Dr. med. Anthony J., * *Rückruf ins Leben, Die Geschichte meiner Krebsheilung,* Mahajiva, 1985

*= Bücher zur Einführung